Okusi Mediterana

Kuharica za Zdravlje i Užitak

Mia Petrović

Sadržaj

Pileća fiesta salata 9

Salata od kukuruza i crnog graha 11

Sjajna salata s tjesteninom 12

Salata od tune 14

Južna krompir salata 15

Salata od sedam slojeva 17

Salata od kelja, kvinoje i avokada s Dijon vinaigretom od limuna 19

Pileća salata 21

Cobb salata 23

Salata od brokule 25

Salata od jagoda i špinata 27

Salata od krušaka sa Roquefort sirom 29

Meksička salata od graha 31

Salata od dinje 33

Salata od naranče i celera 35

Salata od pečene brokule 36

Salata od rajčice 38

Feta salata od repe 39

Salata od cvjetače i rajčice 40

Pilav sa krem sirom 41

Salata od pečenih patlidžana 43

Pečeno povrće 44

Salata od pistacija i rukole 46

Rižoto od parmezana i ječma 47

Salata od plodova mora i avokada 49

Mediteranska salata od kozica 51

Salata od tjestenine od slanutka 52

Mediteransko prženje 54

Balzamična salata od krastavaca 56

Goveđe kefta polpete sa salatom od krastavaca 57

Salata od piletine i krastavaca s pestom od peršina 59

Lagana salata od rukole 61

Feta Garbanzo salata od graha 62

Zdjele za grčku smeđu i divlju rižu 63

Grčka salata za večeru 65

Halibut sa salatom od limuna i komorača 67

Grčka pileća salata sa začinskim biljem 69

Grčka kus-kus salata 71

Denver prženi omlet 73

Tava za kobasice 75

Marinirani škampi na žaru 77

Tepsija od kobasica i jaja 79

Pečeni kvadrati omleta 81

Tvrdo kuhano jaje 83

Gljive s glazurom od soja umaka 84

kolačići od jaja 86

Jaja dinosaura 88

Paleo palačinke s bademom i bananom 92

Tikvice s jajima 94

Amiški složenac za doručak od sira 95

Salata sa Roquefort sirom 97

Riža s vermicellima 99

Fava grah i riža 101

Fava grah s maslacem 103

Freekeh 104

Pržene kuglice od riže s umakom od rajčice 105

Riža na španjolski način 107

Tikvice s rižom i Tzatzikijem 109

Cannellini grah s ružmarinom i češnjakom Aioli 111

Riža s draguljima 112

Rižoto od šparoga 114

Marokanski Tagine s povrćem 116

Oblozi od zelene salate od slanutka i celera 118

Ražnjići od povrća na žaru 119

Punjeni Portobello gljive s rajčicama 121

Uvelo zelje maslačka sa slatkim lukom 123

Zeleni celer i gorušica 124

Scramble od povrća i tofua 125

Jednostavni Zoodles 127

Oblozi od leće i rajčice 128

Mediteranska vegetarijanska zdjela 130

Povrće na žaru i omotač od humusa 132

Španjolski zeleni grah 134

Rustikalni haš od cvjetače i mrkve 135

Pečena cvjetača i rajčice 136

Pečena tikva od žira 138

Pirjani češnjak špinat 140

Tikvice pirjane na češnjaku i menti 141

Pirjana bamija	141
Slatke paprike punjene povrćem	142
Musaka patlidžan	145
Listovi grožđa punjeni povrćem	147
Rolice od patlidžana na žaru	149
Hrskave popečke od tikvica	151
Pite sa sirom od špinata	153
Zalogaji sendviča s krastavcima	155
Umak od jogurta	156
Bruschetta od rajčice	157
Rajčice punjene maslinama i sirom	159
Tapenada od papra	160
Falafel od korijandera	161
Humus od crvene paprike	163
Umak od bijelog graha	164
Humus s mljevenom janjetinom	165
Umak od patlidžana	166
Popečci s povrćem	167
Bulgur Jagnjeće ćufte	169
Ugrizi krastavaca	171
Punjeni avokado	172
Umotane šljive	173
Marinirana feta i artičoke	174
Kroketi od tune	175
Dimljeni losos Crudités	176
Masline marinirane citrusima	178
Tapenada od maslina sa inćunima	179

Grčka vražja jaja 181

Manchego krekeri 183

Burrata Caprese Stack 185

Popečci od tikvica i ricotte s aiolima od limuna i češnjaka 186

Krastavci punjeni lososom 188

Pašteta od kozjeg sira i skuše 189

Okus mediteranskih masnih bombi 191

Gazpacho od avokada 192

Šalice od zelene salate od rakova 194

Pileća salata od naranče i estragona 196

Gljive punjene fetom i kvinojom 198

Falafel od pet sastojaka s umakom od češnjaka i jogurta 200

Limunski škampi s češnjakom i maslinovim uljem 202

Hrskavi pomfrit od zelenog graha s umakom od limuna i jogurta 204

Domaći čips od pita od morske soli 206

Pečena Spanakopita Dip 207

Pečeni umak od bisernog luka 209

Tapenada od crvene paprike 211

Kore grčkog krumpira s maslinama i fetom 213

Pita somun od artičoke i maslina 215

Mini kolači od rakova 217

Feta rolade od tikvica 219

Pileća fiesta salata

Vrijeme pripreme: 20 minuta

Vrijeme za kuhanje: 20 minuta

Porcije: 4

Razina težine: lako

Sastojci:

- 2 polovice pilećeg filea bez kože i kostiju
- 1 paketić začinskog bilja za fajitas, podijeljen
- 1 žlica biljnog ulja
- 1 konzerva crnog graha, ispranog i ocijeđenog
- 1 kutija kukuruza na meksički način
- 1/2 šalice salse
- 1 paketić zelene salate
- 1 glavica luka, mljevena
- 1 rajčica, narezana na četvrtine

Upute:

Ravnomjerno natrljajte piletinu s 1/2 začinskog bilja za fajitas. Zagrijte ulje u tavi na srednje jakoj vatri i pecite piletinu 8 minuta jednu do druge ili dok sok ne postane bistar; staviti sa strane. Pomiješajte grah, kukuruz, salsu i druge 1/2 začine za fajitu u velikoj tavi. Zagrijte na srednjoj vatri dok ne postane mlako. Pripremite salatu miješajući zeleno povrće, luk i rajčicu. Pokrijte salatu od piletine i začinite mješavinom graha i kukuruza.

Nutritivna vrijednost (za 100g): 311 kalorija 6,4 g masti 42,2 g ugljikohidrata 23 g proteina 853 mg natrija

Salata od kukuruza i crnog graha

Vrijeme pripreme: 10 minuta
Vrijeme za kuhanje: 0 minuta
Porcije: 4
Razina težine: lako

Sastojci:

- 2 žlice biljnog ulja
- 1/4 šalice balzamičnog octa
- 1/2 žličice soli
- 1/2 žličice bijelog šećera
- 1/2 žličice mljevenog kima
- 1/2 žličice mljevenog crnog papra
- 1/2 žličice čilija u prahu
- 3 žlice nasjeckanog svježeg korijandera
- 1 limenka crnog graha (15 oz)
- 1 konzerva zaslađenog kukuruza (8,75 oz) ocijeđena

Upute:

Pomiješajte balzamični ocat, ulje, sol, šećer, crni papar, kumin i čili u prahu u maloj posudi. Pomiješajte crni kukuruz i grah u srednjoj posudi. Pomiješajte s vinaigrette od octa i ulja i ukrasite korijanderom. Pokrijte i stavite u hladnjak preko noći.

Nutritivna vrijednost (za 100g): 214 kalorija 8,4 g masti 28,6 g ugljikohidrata 7,5 g proteina 415 mg natrija

Sjajna salata s tjesteninom

Vrijeme pripreme: 30 minuta
Vrijeme za kuhanje: 10 minuta
Porcije: 16
Razina težine: prosječna

Sastojci:

- 1 (16-oz) paket fusilli tjestenine
- 3 šalice cherry rajčica
- 1/2 funte provolona, narezanog na kockice
- 1/2 funte kobasice, narezane na kockice
- 1/4 funte feferona, prerezanih na pola
- 1 velika zelena paprika
- 1 konzerva crnih maslina, ocijeđenih
- 1 staklenka čilija, ocijeđenog
- 1 boca (8 oz) talijanskog vinaigreta

Upute:

U loncu zakuhajte lagano posoljenu vodu. Umiješajte tjesteninu i kuhajte oko 8 do 10 minuta ili dok ne postane al dente. Ocijedite i isperite hladnom vodom.

Pomiješajte tjesteninu s rajčicama, sirom, salamom, feferonima, zelenom paprikom, maslinama i paprikom u velikoj zdjeli. Ulijte vinaigrette i dobro promiješajte.

Nutritivna vrijednost (za 100g): 310 kalorija 17,7 g masti 25,9 g ugljikohidrata 12,9 g proteina 746 mg natrija

Salata od tune

Vrijeme pripreme: 20 minuta

Vrijeme za kuhanje: 0 minuta

Porcije: 4

Razina težine: lako

Sastojci:

- 1 (19 unci) limenka garbanzo graha
- 2 žlice majoneze
- 2 žličice ljute smeđe gorušice
- 1 žlica slatkog kiselog krastavca
- Posolite i popaprite po ukusu
- 2 nasjeckana zelena luka

Upute:

U srednjoj zdjeli pomiješajte zelene mahune, majonezu, senf, umak, nasjeckani mladi luk, sol i papar. Dobro promiješajte.

Nutritivna vrijednost (za 100g): 220 kalorija 7,2 g masti 32,7 g ugljikohidrata 7 g proteina 478 mg natrija

Južna krompir salata

Vrijeme pripreme: 15 minuta

Vrijeme za kuhanje: 15 minuta

Porcije: 4

Razina težine: prosječna

Sastojci:

- 4 krumpira
- 4 jaja
- 1/2 stabljike celera, sitno nasjeckanog
- 1/4 šalice slatkog okusa
- 1 režanj češnjaka samljeti
- 2 žlice senfa
- 1/2 šalice majoneze
- sol i papar po ukusu

Upute:

Zakuhajte vodu u loncu, zatim stavite krumpir i kuhajte dok ne omekša, ali još uvijek bude čvrst, oko 15 minuta; ocijedite i nasjeckajte. Prebacite jaja u tavu i prelijte hladnom vodom.

Zakuhaj vodu; poklopite, maknite s vatre i ostavite da se jaja namaču u vrućoj vodi 10 minuta. Uklonite zatim ljusku i nasjeckajte.

Pomiješajte krumpir, jaja, celer, slatki umak, češnjak, senf, majonezu, sol i papar u velikoj zdjeli. Promiješajte i poslužite vruće.

Nutritivna vrijednost (za 100g): 460 kalorija 27,4 g masti 44,6 g ugljikohidrata 11,3 g proteina 214 mg natrija

Salata od sedam slojeva

Vrijeme pripreme: 15 minuta
Vrijeme za kuhanje: 5 minuta
Porcije: 10
Razina težine: prosječna

Sastojci:

- 1 kilogram slanine
- 1 glavica ledene salate
- 1 glavica crvenog luka, mljevena
- 1 pakiranje od 10 smrznutih graška, odmrznutih
- 10 oz ribanog cheddar sira
- 1 šalica nasjeckane cvjetače
- 1 1/4 šalice majoneze
- 2 žlice bijelog šećera
- 2/3 šalice ribanog parmezana

Upute:

Slaninu stavite u veliku, plitku tavu. Pecite na srednjoj vatri dok ne postane glatko. Izmrvite i ostavite sa strane. Nasjeckanu zelenu salatu stavite u veliku zdjelu i prekrijte slojem luka, graška, ribanog sira, cvjetače i slanine.

Pripremite vinaigrette miješajući majonezu, šećer i parmezan. Preliti preko salate i ohladiti da se ohladi.

Nutritivna vrijednost (za 100g): 387 kalorija 32,7 g masti 9,9 g ugljikohidrata 14,5 g proteina 609 mg natrija

Salata od kelja, kvinoje i avokada s Dijon vinaigretom od limuna

Vrijeme pripreme: 5 minuta
Vrijeme za kuhanje: 25 minuta
Porcije: 4
Razina težine: Teško

Sastojci:

- 2/3 šalice kvinoje
- 1 1/3 šalice vode
- 1 vezica kelja narezanog na komadiće veličine zalogaja
- 1/2 avokada - oguljen, narezan na kockice i bez koštice
- 1/2 šalice nasjeckanog krastavca
- 1/3 šalice nasjeckane crvene paprike
- 2 žlice nasjeckanog crvenog luka
- 1 žlica izmrvljene fete

Upute:

U tavi skuhajte kvinoju i 1 1/3 šalice vode. Prilagodite temperaturu i kuhajte dok kvinoja ne omekša i voda ne upije oko 15 do 20 minuta. Ostaviti sa strane da se ohladi.

Stavite kupus u košaru na pari iznad više od jednog inča kipuće vode u tavi. Zatvorite tavu poklopcem i kuhajte na pari dok se ne zagrije, oko 45 sekundi; prebacite na veliki tanjur. Ukrasite kupusom, kvinojom, avokadom, krastavcem, paprikom, crvenim lukom i feta sirom.

Pomiješajte maslinovo ulje, limunov sok, Dijon senf, morsku sol i crni papar u zdjeli dok se ulje ne pretvori u emulziju u preljevu; preliti preko salate.

Nutritivna vrijednost (za 100g): 342 kalorije 20,3 g masti 35,4 g ugljikohidrata 8,9 g proteina 705 mg natrija

Pileća salata

Vrijeme pripreme: 20 minuta
Vrijeme za kuhanje: 0 minuta
Porcije: 9
Razina težine: lako

Sastojci:

- 1/2 šalice majoneze
- 1/2 žličice soli
- 3/4 žličice začina za perad
- 1 žlica soka od limuna
- 3 šalice kuhanih pilećih prsa, narezanih na kockice
- 1/4 žličice mljevenog crnog papra
- 1/4 žličice češnjaka u prahu
- 1/4 žličice luka u prahu
- 1/2 šalice sitno nasjeckanog celera
- 1 (8 oz) kutija vodenog kestena, ocijeđenog i nasjeckanog
- 1/2 šalice nasjeckanog mladog luka
- 1 1/2 šalice zelenog grožđa prerezanog na pola
- 1 1/2 šalice švicarskog sira narezanog na kockice

Upute:

Pomiješajte majonezu, sol, začine za piletinu, luk u prahu, češnjak u prahu, papar i limunov sok u srednjoj posudi. Pomiješajte piletinu, celer, zeleni luk, vodene kestene, švicarski sir i grožđice u velikoj zdjeli. Umiješajte smjesu majoneze i premažite. Ohladite do posluživanja.

Nutritivna vrijednost (za 100g): 293 kalorije 19,5 g masti 10,3 g ugljikohidrata 19,4 g proteina 454 mg natrija

Cobb salata

Vrijeme pripreme: 5 minuta
Vrijeme za kuhanje: 15 minuta
Porcije: 6
Razina težine: Teško

Sastojci:

- 6 kriški slanine
- 3 jaja
- 1 šalica zelene salate Iceberg, naribane
- 3 šalice kuhanog mljevenog pilećeg mesa
- 2 rajčice, očišćene od sjemenki i sameljene
- 3/4 šalice plavog sira, izmrvljenog
- 1 avokado – oguljen, bez koštica i narezan na kockice
- 3 zelena luka, mljevena
- 1 boca (8 oz.) Ranch Vinaigrette

Upute:

Stavite jaja u tavu i potpuno ih natopite hladnom vodom. Zakuhaj vodu. Poklopite i maknite s vatre te ostavite jaja da odstoje u vrućoj vodi 10 do 12 minuta. Izvadite iz vruće vode, ostavite da se ohladi, ogulite i nasjeckajte. Stavite slaninu u veliku duboku tavu. Pecite na srednjoj vatri dok ne postane glatko. Staviti na stranu.

Naribanu zelenu salatu podijelite na posebne tanjure. Na zelenu salatu rasporedite piletinu, jaja, rajčice, plavi sir, slaninu, avokado i mladi luk. Pospite svojim omiljenim vinaigretteom i uživajte.

Nutritivna vrijednost (za 100g): 525 kalorija 39,9 g masti 10,2 g ugljikohidrata 31,7 g proteina 701 mg natrija

Salata od brokule

Vrijeme pripreme: 10 minuta
Vrijeme za kuhanje: 15 minuta
Porcije: 6
Razina težine: prosječna

Sastojci:

- 10 kriški slanine
- 1 šalica svježe brokule
- ¼ šalice crvenog luka, mljevenog
- ½ šalice grožđica
- 3 žlice bijelog vinskog octa
- 2 žlice bijelog šećera
- 1 šalica majoneze
- 1 šalica suncokretovih sjemenki

Upute:

U dubokoj tavi na srednje jakoj vatri kuhajte slaninu. Ocijedite, izmrvite i ostavite sa strane. Pomiješajte brokulu, luk i grožđice u srednjoj zdjeli. Pomiješajte ocat, šećer i majonezu u maloj posudi. Prelijte preko smjese brokule i promiješajte. Ohladiti najmanje dva sata.

Prije posluživanja salatu pomiješajte s izmrvljenom slaninom i suncokretovim sjemenkama.

Nutritivna vrijednost (za 100g): 559 kalorija 48,1 g masti 31 g ugljikohidrata 18 g proteina 584 mg natrija

Salata od jagoda i špinata

Vrijeme pripreme: 10 minuta
Vrijeme za kuhanje: 0 minuta
Porcije: 4
Razina težine: lako

Sastojci:

- 2 žlice sjemenki sezama
- 1 žlica maka
- 1/2 šalice bijelog šećera
- 1/2 šalice maslinovog ulja
- 1/4 šalice destiliranog bijelog octa
- 1/4 žličice paprike
- 1/4 žličice Worcestershire umaka
- 1 žlica mljevenog luka
- 10 unci svježeg špinata
- 1 litra jagoda - očišćenih, oljuštenih i narezanih na ploške
- 1/4 šalice badema, blanširanih i nasjeckanih na listiće

Upute:

U srednjoj zdjeli pomiješajte iste sjemenke, mak, šećer, maslinovo ulje, ocat, papriku, Worcestershire umak i luk. Pokrijte i ohladite jedan sat.

U veliku zdjelu umiješajte špinat, jagode i bademe. Prelijte preljev preko salate i promiješajte. Ohladite 10 do 15 minuta prije posluživanja.

Nutritivna vrijednost (za 100g): 491 kalorija 35,2 g masti 42,9 g ugljikohidrata 6 g proteina 691 mg natrija

Salata od krušaka sa Roquefort sirom

Vrijeme pripreme: 20 minuta
Vrijeme za kuhanje: 10 minuta
Porcije: 2
Razina težine: prosječna

Sastojci:

- 1 list zelene salate, narezan na komade veličine zalogaja
- 3 kruške - oguljene, očišćene od koštice i narezane na kockice
- 5 unci Roqueforta, izmrvljenog
- 1 avokado - oguljen, bez sjemenki i narezan na kockice
- 1/2 šalice nasjeckanog mladog luka
- 1/4 šalice bijelog šećera
- 1/2 šalice pekan oraha
- 1/3 šalice maslinovog ulja
- 3 žlice crvenog vinskog octa
- 1 1/2 žličica bijelog šećera
- 1 1/2 žličica pripremljene gorušice
- 1/2 žličice slanog crnog papra
- 1 režanj češnjaka

Upute:

U tavi na srednje jakoj vatri pomiješajte 1/4 šalice šećera s pekan orašima. Nastavite lagano miješati dok se šećer ne karamelizira s pekan orahima. Oprezno prebacite orahe na voštani papir. Pustite da se ohladi i izlomite na komade.

Pomiješajte ulje za vinaigrette, marinadu, 1 1/2 žličicu šećera, senf, nasjeckani češnjak, sol i papar.

U dubokoj zdjeli pomiješajte zelenu salatu, kruške, plavi sir, avokado i mladi luk. Preko salate stavite vinaigrette, pospite pekan orahima i poslužite.

Nutritivna vrijednost (za 100g): 426 kalorija 31,6 g masti 33,1 g ugljikohidrata 8 g proteina 481 mg natrija

Meksička salata od graha

Vrijeme pripreme: 15 minuta
Vrijeme za kuhanje: 0 minuta
Porcije: 6
Razina težine: lako

Sastojci:

- 1 konzerva crnog graha (15 oz), ocijeđenog
- 1 konzerva crvenog graha (15 oz), ocijeđenog
- 1 konzerva bijelog graha (15 oz), ocijeđenog
- 1 zelena paprika, mljevena
- 1 crvena paprika, mljevena
- 1 paket smrznutih zrna kukuruza
- 1 glavica crvenog luka, mljevena
- 2 žlice svježeg soka od limete
- 1/2 šalice maslinovog ulja
- 1/2 šalice crvenog vinskog octa
- 1 žlica soka od limuna
- 1 žlica soli
- 2 žlice bijelog šećera
- 1 češanj protisnutog češnjaka
- 1/4 šalice nasjeckanog korijandera
- 1/2 žlice mljevenog kima
- 1/2 žlice mljevenog crnog papra
- 1 mrvica umaka od ljutih papričica

- 1/2 žličice čilija u prahu

Upute:

Pomiješajte grah, papriku, smrznuti kukuruz i crveni luk u velikoj zdjeli. Pomiješajte maslinovo ulje, sok limete, crveni vinski ocat, limunov sok, šećer, sol, češnjak, korijander, kumin i crni papar u maloj posudi — začinite ljutim umakom i čilijem u prahu.

Preko povrća prelijte vinaigrette s maslinovim uljem; dobro promiješajte. Dobro ohladite i poslužite hladno.

Nutritivna vrijednost (za 100g): 334 kalorije 14,8 g masti 41,7 g ugljikohidrata 11,2 g proteina 581 mg natrija

Salata od dinje

Vrijeme pripreme: 20 minuta
Vrijeme za kuhanje: 0 minuta
Porcije: 6
Razina težine: prosječna

Sastojci:

- ¼ žličice morske soli
- ¼ žličice crnog papra
- 1 žlica balzamičnog octa
- 1 dinja, narezana na četvrtine i bez sjemenki
- 12 lubenica, malih i bez sjemenki
- 2 šalice mozzarelle kuglica, svježe
- 1/3 šalice bosiljka, svježeg i natrganog
- 2 žlice. maslinovo ulje

Upute:

Ostružite kuglice dinje i stavite ih u cjedilo iznad zdjele za posluživanje. Upotrijebite svoju kuglicu za dinju da izrežete i lubenicu, a zatim ih stavite zajedno s dinjom.

Ostavite voće da se ocijedi deset minuta, a zatim ohladite sok za drugi recept. Može se čak dodati i u smoothije. Posudu obrišite i stavite voće u nju.

Dodajte bosiljak, ulje, ocat, mozzarellu i rajčice prije nego što ih začinite solju i paprom. Lagano promiješajte i poslužite odmah ili ohlađeno.

Nutritivna vrijednost (za 100g): 218 kalorija 13 g masti 9 g ugljikohidrata 10 g proteina 581 mg natrija

Salata od naranče i celera

Vrijeme pripreme: 15 minuta

Vrijeme za kuhanje: 0 minuta

Porcije: 6

Razina težine: lako

Sastojci:

- 1 žlica soka od limuna, svježeg
- ¼ žličice morske soli, fine
- ¼ žličice crnog papra
- 1 žlica rasola od maslina
- 1 žlica maslinovog ulja
- ¼ šalice crvenog luka, narezanog na ploške
- ½ šalice zelenih maslina
- 2 naranče, oguljene i narezane
- 3 stabljike celera, dijagonalno narezane na ploške od ½ inča

Upute:

Stavite svoje naranče, masline, luk i celer u plitku zdjelu. U drugoj posudi umutite ulje, rasol od maslina i limunov sok, prelijte to preko salate. Prije posluživanja začinite solju i paprom.

Nutritivna vrijednost (za 100g): 65 kalorija 7 g masti 9 g ugljikohidrata 2 g proteina 614 mg natrija

Salata od pečene brokule

Vrijeme pripreme: 20 minuta

Vrijeme za kuhanje: 10 minuta

Porcije: 4

Razina težine: Teško

Sastojci:

- 1 lb brokule, narezane na cvjetiće i narezane stabljike
- 3 žlice maslinovog ulja, podijeljene
- 1-pinta cherry rajčica
- 1 ½ žličice meda, sirovog i podijeljenog
- 3 šalice kockica kruha, cjelovitog zrna
- 1 žlica balzamičnog octa
- ½ žličice crnog papra
- ¼ žličice morske soli, fine
- ribani parmezan za posluživanje

Upute:

Pripremite pećnicu na 450 stupnjeva, a zatim izvadite obrubljeni lim za pečenje. Stavite u pećnicu da se zagrije. Pokapajte brokulu sa žlicom ulja i pomiješajte je.

Izvadite lim za pečenje iz pećnice i na njega žlicom rasporedite brokulu. Ostavite ulje na dnu zdjele, dodajte rajčice, promiješajte da se premazuju, a zatim pomiješajte rajčice sa žlicom meda. Izlijte ih na isti lim za pečenje kao i brokulu.

Pecite petnaest minuta, a na pola vremena kuhanja promiješajte. Dodajte svoj kruh i pecite još tri minute. Umutiti dvije žlice ulja, ocat i preostali med. Posolite i popaprite. Prelijte ovo preko mješavine brokule za posluživanje.

Nutritivna vrijednost (za 100g): 226 kalorija 12 g masti 26 g ugljikohidrata 7 g proteina 581 mg natrija

Salata od rajčice

Vrijeme pripreme: 20 minuta
Vrijeme za kuhanje: 0 minuta
Porcije: 4
Razina težine: lako

Sastojci:

- 1 krastavac, narezan na ploške
- ¼ šalice sušene rajčice, nasjeckane
- 1 lb rajčica, narezanih na kockice
- ½ šalice crnih maslina
- 1 glavica crvenog luka, narezana na ploške
- 1 žlica balzamičnog octa
- ¼ šalice peršina, svježeg i nasjeckanog
- 2 žlice maslinovog ulja
- morska sol i crni papar po ukusu

Upute:

Izvadite zdjelu i pomiješajte svo povrće. Za preljev pomiješajte sve začine, maslinovo ulje i ocat. Prelijte salatom i poslužite svježe.

Nutritivna vrijednost (za 100g): 126 kalorija 9,2 g masti 11,5 g ugljikohidrata 2,1 g bjelančevina 681 mg natrija

Feta salata od repe

Vrijeme pripreme: 15 minuta
Vrijeme za kuhanje: 0 minuta
Porcije: 4
Razina težine: lako

Sastojci:

- 6 crvenih cikla, kuhanih i oguljenih
- 3 unce feta sira, na kockice
- 2 žlice maslinovog ulja
- 2 žlice balzamičnog octa

Upute:

Sve sjediniti, pa poslužiti.

Nutritivna vrijednost (za 100g): 230 kalorija 12 g masti 26,3 g ugljikohidrata 7,3 g bjelančevina 614 mg natrija

Salata od cvjetače i rajčice

Vrijeme pripreme: 15 minuta

Vrijeme za kuhanje: 0 minuta

Porcije: 4

Razina težine: lako

Sastojci:

- 1 glavica cvjetače nasjeckana
- 2 žlice peršina, svježeg i nasjeckanog
- 2 šalice cherry rajčica, prepolovljenih
- 2 žlice soka od limuna, svježeg
- 2 žlice pinjola
- morska sol i crni papar po ukusu

Upute:

Pomiješajte limunov sok, cherry rajčice, cvjetaču i peršin te začinite. Pospite pinjolima i dobro promiješajte prije posluživanja.

Nutritivna vrijednost (za 100g): 64 kalorije 3,3 g masti 7,9 g ugljikohidrata 2,8 g bjelančevina 614 mg natrija

Pilav sa krem sirom

Vrijeme pripreme: 20 minuta
Vrijeme za kuhanje: 10 minuta
Porcije: 6
Razina težine: prosječna

Sastojci:

- 2 šalice žute riže dugog zrna, prokuhane
- 1 šalica luka
- 4 zelena luka
- 3 žlice maslaca
- 3 žlice juhe od povrća
- 2 žličice kajenskog papra
- 1 žličica paprike
- ½ žličice klinčića, mljevenog
- 2 žlice listova mente, svježih i nasjeckanih
- 1 vezica svježih listića mente za ukrašavanje
- 1 žlica maslinovog ulja
- morska sol i crni papar po ukusu
- <u>Krema od sira:</u>
- 3 žlice maslinovog ulja
- morska sol i crni papar po ukusu
- 9 unci krem sira

Upute:

Zagrijte pećnicu na 360 stupnjeva, a zatim izvucite posudu. Zagrijte zajedno maslac i maslinovo ulje te dvije minute kuhajte luk i mladi luk.

Dodajte sol, papar, papriku, klinčiće, juhu od povrća, rižu i preostale začine. Pirjajte tri minute. Zamotajte folijom i pecite još pola sata. Ostavite da se ohladi.

Pomiješajte krem sir, sir, maslinovo ulje, sol i papar. Pilav poslužite ukrašen listićima svježe mente.

Nutritivna vrijednost (za 100g): 364 kalorije 30 g masti 20 g ugljikohidrata 5 g proteina 511 mg natrija

Salata od pečenih patlidžana

Vrijeme pripreme: 10 minuta
Vrijeme za kuhanje: 20 minuta
Porcije: 6
Razina težine: lako

Sastojci:

- 1 glavica crvenog luka, narezana na ploške
- 2 žlice peršina, svježeg i nasjeckanog
- 1 žličica majčine dušice
- 2 šalice cherry rajčica, prepolovljenih
- morska sol i crni papar po ukusu
- 1 žličica origana
- 3 žlice maslinovog ulja
- 1 žličica bosiljka
- 3 patlidžana, oguljena i narezana na kockice

Upute:

Započnite zagrijavanjem pećnice na 350. Začinite svoje patlidžane bosiljkom, soli, paprom, origanom, timijanom i maslinovim uljem. Ređati u tepsiju i peći pola sata. Prije posluživanja pomiješajte s preostalim sastojcima.

Nutritivna vrijednost (za 100g): 148 kalorija 7,7 g masti 20,5 g ugljikohidrata 3,5 g bjelančevina 660 mg natrija

Pečeno povrće

Vrijeme pripreme: 5 minuta
Vrijeme za kuhanje: 15 minuta
Porcije: 12
Razina težine: lako

Sastojci:

- 6 češnja češnjaka
- 6 žlica maslinovog ulja
- 1 lukovica komorača, narezana na kockice
- 1 tikvica, narezana na kockice
- 2 crvene paprike, narezane na kockice
- 6 krumpira, velikih i narezanih na kockice
- 2 žličice morske soli
- ½ šalice balzamičnog octa
- ¼ šalice ružmarina, nasjeckanog i svježeg
- 2 žličice juhe od povrća u prahu

Upute:

Počnite zagrijavanjem pećnice na 400. Stavite krumpir, komorač, tikvice, češnjak i komorač na posudu za pečenje, pokapajući maslinovim uljem. Pospite solju, bujonom u prahu i ružmarinom. Dobro izmiješajte, a zatim pecite na 450 trideset do četrdeset minuta. Umiješajte ocat u povrće prije posluživanja.

Nutritivna vrijednost (za 100g): 675 kalorija 21 g masti 112 g ugljikohidrata 13 g proteina 718 mg natrija

Salata od pistacija i rukole

Vrijeme pripreme: 20 minuta
Vrijeme za kuhanje: 0 minuta
Porcije: 6
Razina težine: lako

Sastojci:

- 6 šalica nasjeckanog kelja
- ¼ šalice maslinovog ulja
- 2 žlice soka od limuna, svježeg
- ½ žličice dimljene paprike
- 2 šalice rikule
- 1/3 šalice pistacija, neslanih i oljuštenih
- 6 žlica parmezana, naribanog

Upute:

Izvadite zdjelu za salatu i pomiješajte ulje, limun, dimljenu papriku i kelj. Lagano masirajte listove pola minute. Kelj bi trebao biti dobro obložen. Nježno pomiješajte rikulu i pistacije kada ste spremni za posluživanje.

Nutritivna vrijednost (za 100g): 150 kalorija 12 g masti 8 g ugljikohidrata 5 g proteina 637 mg natrija

Rižoto od parmezana i ječma

Vrijeme pripreme: 10 minuta
Vrijeme za kuhanje: 20 minuta
Porcije: 6
Razina težine: Teško

Sastojci:

- 1 šalica žutog luka, nasjeckanog
- 1 žlica maslinovog ulja
- 4 šalice juhe od povrća s malo natrija
- 2 šalice bisernog ječma, nekuhanog
- ½ šalice suhog bijelog vina
- 1 šalica parmezana, sitno naribanog i podijeljenog
- morska sol i crni papar po ukusu
- svježi vlasac, nasjeckan za posluživanje
- kriške limuna za posluživanje

Upute:

Dodajte svoju juhu u lonac i pustite da lagano kuha na srednje jakoj vatri. Izvadite lonac za temeljac i također ga stavite na srednje jaku vatru. Zagrijte ulje prije nego što dodate luk. Kuhajte osam minuta i povremeno promiješajte. Dodajte ječam i kuhajte još dvije minute. Umiješajte ječam, kuhajte dok ne bude prepečen.

Ulijte vino, kuhajte još minutu. Većina tekućine trebala je ispariti prije dodavanja u šalicu tople juhe. Kuhajte i miješajte dvije minute. Vaša tekućina bi se trebala apsorbirati. Dodajte preostalu juhu po šalicu i kuhajte dok svaka šalica ne upije. Svaki put bi trebalo trajati oko dvije minute.

Maknite s vatre, dodajte pola šalice sira i pospite preostalim sirom, vlascem i kriškama limuna.

Nutritivna vrijednost (za 100g): 345 kalorija 7 g masti 56 g ugljikohidrata 14 g proteina 912 mg natrija

Salata od plodova mora i avokada

Vrijeme pripreme: 10 minuta
Vrijeme za kuhanje: 0 minuta
Porcije: 4
Razina težine: lako

Sastojci:

- 2 lbs. losos, kuhani i nasjeckani
- 2 lbs. škampi, kuhani i nasjeckani
- 1 šalica avokada, nasjeckanog
- 1 šalica majoneze
- 4 žlice soka limete, svježeg
- 2 češnja češnjaka
- 1 šalica kiselog vrhnja
- morska sol i crni papar po ukusu
- ½ crvenog luka, nasjeckanog
- 1 šalica nasjeckanog krastavca

Upute:

Počnite tako što ćete izvaditi zdjelu i pomiješati češnjak, sol, papar, luk, majonezu, kiselo vrhnje i sok od limete,

Izvadite drugu zdjelu i pomiješajte losos, škampe, krastavce i avokado.

Dodajte smjesu majoneze svojim škampima, a zatim ih ostavite dvadesetak minuta u hladnjaku prije posluživanja.

Nutritivna vrijednost (za 100g): 394 kalorije 30 g masti 3 g ugljikohidrata 27 g proteina 815 mg natrija

Mediteranska salata od kozica

Vrijeme pripreme: 40 minuta
Vrijeme za kuhanje: 0 minuta
Porcije: 6
Razina težine: lako

Sastojci:

- 1 ½ lbs. škampi, očišćeni i kuhani
- 2 stabljike celera, svježe
- 1 luk
- 2 zelena luka
- 4 jaja, kuhana
- 3 krumpira, kuhana
- 3 žlice majoneze
- morska sol i crni papar po ukusu

Upute:

Započnite rezanjem krumpira i sjeckanjem celera. Narežite jaja i začinite. Sve zajedno izmiksati. Preko jaja stavite škampe, a zatim poslužite s lukom i mladim lukom.

Nutritivna vrijednost (za 100g): 207 kalorija 6 g masti 15 g ugljikohidrata 17 g proteina 664 mg natrija

Salata od tjestenine od slanutka

Vrijeme pripreme: 10 minuta
Vrijeme za kuhanje: 15 minuta
Porcije: 6
Razina težine: prosječna

Sastojci:

- 2 žlice maslinovog ulja
- 16 unci rotelle tjestenine
- ½ šalice sušenih maslina, nasjeckanih
- 2 žlice origana, svježeg i mljevenog
- 2 žlice peršina, svježeg i nasjeckanog
- 1 vezica mladog luka, nasjeckanog
- ¼ šalice crvenog vinskog octa
- 15 unci konzerviranog garbanzo graha, ocijeđenog i ispranog
- ½ šalice parmezana, naribanog
- morska sol i crni papar po ukusu

Upute:

Prokuhajte vodu i stavite tjesteninu al dente i slijedite upute na pakiranju. Ocijedite ga i isperite hladnom vodom.

Izvadite tavu i zagrijte maslinovo ulje na srednjoj vatri. Dodajte mladi luk, slanutak, peršin, origano i masline. Smanjite vatru i pirjajte još dvadesetak minuta. Ostavite ovu smjesu da se ohladi.

Pomiješajte smjesu od slanutka s tjesteninom i dodajte naribani sir, sol, papar i ocat. Ostavite da se hladi četiri sata ili preko noći prije posluživanja.

Nutritivna vrijednost (za 100g): 424 kalorije 10 g masti 69 g ugljikohidrata 16 g proteina 714 mg natrija

Mediteransko prženje

Vrijeme pripreme: 10 minuta
Vrijeme za kuhanje: 30 minuta
Porcije: 4
Razina težine: prosječna

Sastojci:

- 2 tikvice
- 1 luk
- ¼ žličice morske soli
- 2 češnja češnjaka
- 3 žličice maslinovog ulja, podijeljene
- 1 lb pilećih prsa, bez kostiju
- 1 šalica ječma za brzo kuhanje
- 2 šalice vode
- ¼ žličice crnog papra
- 1 žličica origana
- ¼ žličice pahuljica crvene paprike
- ½ žličice bosiljka
- 2 rajčice šljive
- ½ šalice grčkih maslina bez koštica
- 1 žlica peršina, svježeg

Upute:

Počnite s uklanjanjem kože s piletine, a zatim je nasjeckajte na manje komade. Nasjeckajte češnjak i peršin, a zatim nasjeckajte masline, tikvice, rajčice i luk. Izvadite lonac i zakuhajte vodu. Umiješajte ječam i ostavite da lagano kuha osam do deset minuta.

Isključite toplinu. Pustite da odstoji pet minuta. Izvadite tavu i dodajte dvije žličice maslinovog ulja. Kad se zagrije, piletinu pržite uz miješanje, a zatim je maknite s vatre. Na preostalom ulju prodinstajte luk. Umiješajte preostale sastojke i kuhajte još tri do pet minuta. Poslužite toplo.

Nutritivna vrijednost (za 100g): 337 kalorija 8,6 g masti 32,3 g ugljikohidrata 31,7 g bjelančevina 517 mg natrija

Balzamična salata od krastavaca

Vrijeme pripreme: 15 minuta
Vrijeme za kuhanje: 0 minuta
Porcije: 4
Razina težine: lako

Sastojci:

- 2/3 većeg engleskog krastavca prepolovite i narežite na ploške
- 2/3 srednje srednje glavice crvenog luka prepolovite i narežite na tanke ploške
- 5 1/2 žlice balzamičnog vinaigreta
- 1 1/3 šalice grožđanih rajčica, prepolovljenih
- 1/2 šalice izmrvljenog feta sira smanjene masnoće

Upute:

U velikoj zdjeli pomiješajte krastavce, rajčice i luk. Dodajte vinaigrette; baciti na premazivanje. Ohladiti, poklopljeno, do posluživanja. Neposredno prije posluživanja umiješajte sir. Poslužite s šupljikavom žličicom.

Nutritivna vrijednost (za 100g): 250 kalorija 12 g masti 15 g ugljikohidrata 34 g proteina 633 mg natrija

Goveđe kefta polpete sa salatom od krastavaca

Vrijeme pripreme: 10 minuta
Vrijeme za kuhanje: 15 minuta
Porcije: 2
Razina težine: Teško

Sastojci:

- sprej za kuhanje
- Mljevena pečenica od 1/2 funte
- 2 žlice plus 2 žlice nasjeckanog svježeg ravnog lista peršina, podijeljeno
- 1 1/2 žličice nasjeckanog oguljenog svježeg đumbira
- 1 žličica mljevenog korijandera
- 2 žlice nasjeckanog svježeg cilantra
- 1/4 žličice soli
- 1/2 žličice mljevenog kima
- 1/4 žličice mljevenog cimeta
- 1 šalica tanko narezanih engleskih krastavaca
- 1 žlica rižinog octa
- 1/4 šalice običnog grčkog jogurta bez masti
- 1 1/2 žličice svježeg soka od limuna
- 1/4 žličice svježe mljevenog crnog papra
- 1 (6 inča) pita, narezana na četvrtine

Upute:

Zagrijte tavu za roštilj na srednje jakoj temperaturi. Premažite tavu sprejom za kuhanje. Pomiješajte govedinu, 1/4 čaše peršina, cilantro i sljedećih 5 elemenata u srednjoj zdjeli. Podijelite smjesu na 4 ista dijela, oblikujući svaki u pljeskavicu debljine 1/2 inča. Dodajte pljeskavice u tavu; kuhajte obje strane do željenog stupnja pečenja.

Pomiješajte krastavac i ocat u srednjoj zdjeli; dobro baciti. Pomiješajte nemasni jogurt, preostale 2 žlice peršina, sok i papar u maloj posudi; promiješajte pjenjačom. Stavite 1 pljeskavicu i 1/2 šalice mješavine krastavaca na svaki od 4 porculana. Svaku ponudu prelijte s otprilike 2 žlice začina za jogurt. Poslužite svaki s 2 kriška pita.

Nutritivna vrijednost (za 100g): 116 kalorija 5 g masti 11 g ugljikohidrata 28 g proteina 642 mg natrija

Salata od piletine i krastavaca s pestom od peršina

Vrijeme pripreme: 15 minuta
Vrijeme za kuhanje: 5 minuta
Porcije: 8
Razina težine: lako

Sastojci:

- 2 2/3 šalice pakiranog svježeg ravnog lišća peršina
- 1 1/3 šalice svježeg mladog špinata
- 1 1/2 žlice prženih pinjola
- 1 1/2 žlica ribanog parmezana
- 2 1/2 žlice svježeg soka od limuna
- 1 1/3 žličice košer soli
- 1/3 žličice crnog papra
- 1 1/3 srednjeg češnja češnjaka, zdrobljenog
- 2/3 šalice ekstra djevičanskog maslinovog ulja
- 5 1/3 šalice nasjeckane rotisserie piletine (od 1 piletine)
- 2 2/3 šalice kuhanog edamamea bez ljuski
- 1 1/2 limenke 1 (15 oz.) neslanog slanutka, ocijeđenog i ispranog
- 1 1/3 šalice nasjeckanih engleskih krastavaca
- 5 1/3 šalica slobodno pakirane rikule

Upute:

Pomiješajte peršin, špinat, limunov sok, pinjole, sir, češnjak, sol i papar u multipraktiku; proces oko 1 minute. Dok procesor radi, dodajte ulje; obradite dok ne postane glatko, oko 1 minute.

Pomiješajte piletinu, edamame, slanutak i krastavac u velikoj zdjeli. Dodati pesto; baciti za kombiniranje.

Stavite 2/3 šalice rikule u svaku od 6 zdjelica; prelijte svaku sa 1 šalicom mješavine pileće salate. Poslužite odmah.

Nutritivna vrijednost (za 100g): 116 kalorija 12 g masti 3 g ugljikohidrata 9 g proteina 663 mg natrija

Lagana salata od rukole

Vrijeme pripreme: 15 minuta
Vrijeme za kuhanje: 0 minuta
Porcije: 6
Razina težine: lako

Sastojci:

- 6 šalica mladih listova rikule, ispranih i osušenih
- 1 1/2 šalice cherry rajčice, prepolovljene
- 6 žlica pinjola
- 3 žlice ulja od sjemenki grožđa ili maslinovog ulja
- 1 1/2 žlice rižinog octa
- 3/8 žličice svježe mljevenog crnog papra po ukusu
- 6 žlica ribanog parmezana
- 3/4 žličice soli po ukusu
- 1 1/2 veliki avokado - oguljen, bez koštica i narezan na ploške

Upute:

U veliku plastičnu posudu s poklopcem stavite rikulu, cherry rajčice, proizvode od pinjola, ulje, ocat i parmezan. Posolite i popaprite za okus. Pokrijte i ocijedite za miješanje.

Odvojite salatu na porculan i na vrh stavite kriške avokada.

Nutritivna vrijednost (za 100g): 120 kalorija 12 g masti 14 g ugljikohidrata 25 g proteina 736 mg natrija

Feta Garbanzo salata od graha

Vrijeme pripreme: 10 minuta
Vrijeme za kuhanje: 0 minuta
Porcije: 6
Razina težine: lako

Sastojci:

- 1 1/2 limenke (15 unci) garbanzo graha
- 1 1/2 konzerva (2-1/4 unce) narezanih zrelih maslina, ocijeđenih
- 1 1/2 srednje rajčice
- 6 žlica tanko narezanog crvenog luka
- 2 1/4 šalice 1-1/2 grubo nasjeckanih engleskih krastavaca
- 6 žlica nasjeckanog svježeg peršina
- 4 1/2 žlice maslinovog ulja
- 3/8 žličice soli
- 1 1/2 žlice soka od limuna
- 3/16 žličice papra
- 7 1/2 šalica miješane zelene salate
- 3/4 šalice izmrvljenog feta sira

Upute:

Sve sastojke prebacite u veliku zdjelu; baciti za kombiniranje. Dodati parmezan.

Nutritivna vrijednost (za 100g): 140 kalorija 16 g masti 10 g ugljikohidrata 24 g proteina 817 mg natrija

Zdjele za grčku smeđu i divlju rižu

Vrijeme pripreme: 15 minuta
Vrijeme za kuhanje: 5 minuta
Porcije: 4
Razina težine: lako

Sastojci:

- 2 paketa (8-1/2 unce) smjese smeđe cjelovite žitarice i divlje riže spremne za posluživanje
- 1 srednje zreli avokado, oguljen i narezan na ploške
- 1 1/2 šalice cherry rajčice, prepolovljene
- 1/2 šalice grčkog vinaigreta, podijeljenog
- 1/2 šalice izmrvljenog feta sira
- 1/2 šalice grčkih maslina bez koštica, narezanih
- mljeveni svježi peršin, po želji

Upute:

Unutar posude prikladne za mikrovalnu pećnicu pomiješajte mješavinu žitarica i 2 žlice vinaigrettea. Poklopite i kuhajte na najjačoj temperaturi dok se ne zagrije, oko 2 minute. Podijelite u 2 posude. Najbolje uz avokado, povrće od rajčice, sir, masline, ostatak dressinga i po želji peršin.

Nutritivna vrijednost (za 100g): 116 kalorija 10 g masti 9 g ugljikohidrata 26 g proteina 607 mg natrija

Grčka salata za večeru

Vrijeme pripreme: 10 minuta
Vrijeme za kuhanje: 0 minuta
Porcije: 4
Razina težine: lako

Sastojci:

- 2 1/2 žlice grubo nasjeckanog svježeg peršina
- 2 žlice grubo nasjeckanog svježeg kopra
- 2 žličice svježeg soka od limuna
- 2/3 žličice sušenog origana
- 2 žličice ekstra djevičanskog maslinovog ulja
- 4 šalice naribane zelene salate Romaine
- 2/3 šalice tanko narezanog crvenog luka
- 1/2 šalice izmrvljenog feta sira
- 2 šalice rajčice narezane na kockice
- 2 žličice kapara
- 2/3 krastavca, oguljenog, uzdužno narezanog na četvrtine i tanko narezanog
- 2/3 (19 unci) konzerve slanutka, ocijeđenog i ispranog
- 4 (6 inča) pite od cjelovitog zrna pšenice, svaka izrezana na 8 kriški

Upute:

Pomiješajte prvih 5 tvari u većoj posudi; promiješajte pjenjačom. Dodajte člana obitelji salate i sljedećih 6 sastojaka (zelena salata kroz slanutak); dobro baciti. Poslužite s kriškama pita.

Nutritivna vrijednost (za 100g): 103 kalorije 12 g masti 8 g ugljikohidrata 36 g proteina 813 mg natrija

Halibut sa salatom od limuna i komorača

Vrijeme pripreme: 15 minuta
Vrijeme za kuhanje: 5 minuta
Porcije: 2
Razina težine: prosječna

Sastojci:

- 1/2 žličice mljevenog korijandera
- 1/4 žličice soli
- 1/8 žličice svježe mljevenog crnog papra
- 2 1/2 žličice ekstra djevičanskog maslinovog ulja, podijeljeno
- 1/4 žličice mljevenog kima
- 1 češanj češnjaka, samljeven
- 2 (6 unci) fileta iverka
- 1 šalica lukovica komorača
- 2 žlice tanko okomito narezanog crvenog luka
- 1 žlica svježeg soka od limuna
- 1 1/2 žličice nasjeckanog plosnatog peršina
- 1/2 žličice svježeg lišća timijana

Upute:

Pomiješajte prve 4 tvari u maloj posudi. Pomiješajte 1/2 žličice mješavine začina, 2 žličice ulja i češnjak u maloj posudi; utrljajte mješavinu češnjaka ravnomjerno preko ribe. Zagrijte 1 žličicu ulja u velikoj tavi s neprijanjajućim premazom na srednje visokoj temperaturi. Dodajte ribu u tavu; kuhajte 5 minuta sa svake strane ili do željene razine pečenosti.

Pomiješajte preostalih 3/4 žličice mješavine začina, preostale 2 žličice ulja, žarulju komorača i preostale tvari u srednjoj zdjeli, dobro promiješajte da se prekrije. Pripremite salatu s plodovima mora.

Nutritivna vrijednost (za 100g): 110 kalorija 9 g masti 11 g ugljikohidrata 29 g proteina 558 mg natrija

Grčka pileća salata sa začinskim biljem

Vrijeme pripreme: 10 minuta
Vrijeme za kuhanje: 10 minuta
Porcije: 2
Razina težine: prosječna

Sastojci:

- 1/2 žličice sušenog origana
- 1/4 žličice češnjaka u prahu
- 3/8 žličice crnog papra, podijeljeno
- sprej za kuhanje
- Pileća prsa od 1/2 funte bez kože i kostiju, izrezana na kockice od 1 inča
- 1/4 žličice soli, podijeljeno
- 1/2 šalice običnog jogurta bez masnoće
- 1 žličica tahinija (paste od sjemenki sezama)
- 2 1/2 žličice svježi sok od limuna
- 1/2 žličice mljevenog češnjaka u boci
- 4 šalice nasjeckane zelene salate Romaine
- 1/2 šalice oguljenih nasjeckanih engleskih krastavaca
- 1/2 šalice grožđanih rajčica, prepolovljenih
- 3 kalamata masline bez koštica, prepolovljene
- 2 žlice (1 unca) izmrvljenog feta sira

Upute:

Pomiješajte origano, prirodni češnjak u prahu, 1/2 žličice papra i 1/4 žličice soli u zdjeli. Zagrijte neprianjajuću tavu na srednje jakoj vatri. Premazivanje posude sprejom za kuhanje hrane. Dodajte perad i kombinaciju začina; pirjajte dok perad ne bude gotova. Prelijte sokom od 1 žličice; promiješati. Izvadite iz posude.

Pomiješajte preostale 2 žličice soka, preostalu 1/4 žličice natrija, preostalu 1/4 žličice papra, jogurt, tahini i češnjak u maloj posudi; dobro promiješajte. Kombinirajte člana obitelji salate, krastavce, rajčice i masline. Stavite 2 1/2 šalice mješavine zelene salate na svaki od 4 tanjura. Na vrh svake porcije stavite 1/2 šalice kombinacije piletine i 1 čajnu žličicu sira. Svaku porciju prelijte s 3 žlice jogurta

Nutritivna vrijednost (za 100g): 116 kalorija 11 g masti 15 g ugljikohidrata 28 g proteina 634 mg natrija

Grčka kus-kus salata

Vrijeme pripreme: 10 minuta
Vrijeme za kuhanje: 15 minuta
Porcije: 10
Razina težine: lako

Sastojci:

- 1 limenka (14-1/2 unce) pileće juhe sa smanjenim sadržajem natrija
- 1 1/2 šalice 1-3/4 nekuhanog kus-kusa od cjelovitog zrna pšenice (oko 11 unci)
- Zavoj:
- 6 1/2 žlica maslinovog ulja
- 1 1/4 žličice 1-1/2 naribane korice limuna
- 3 1/2 žlice soka od limuna
- 13/16 žličica adobo začina
- 3/16 žličice soli
- Salata:
- 1 2/3 šalice grožđanih rajčica, prepolovljenih
- 5/6 engleski krastavac, prepolovljen po dužini i narezan na ploške
- 3/4 šalice grubo nasjeckanog svježeg peršina
- 1 konzerva (6-1/2 unci) narezanih zrelih maslina, ocijeđenih
- 6 1/2 žlica izmrvljenog feta sira
- 3 1/3 zelenog luka, nasjeckanog

Upute:

U velikom loncu zakuhajte juhu. Umiješajte kus-kus. Maknite s vatre; ostavite stajati, pokriveno, dok se juha ne upije, oko 5 minuta. Prebacite u veliku posudu; potpuno ohladiti.

Pomiješajte tvari za dresing. U kus-kus dodajte krastavac, povrće od rajčice, peršin, masline i mladi luk; umiješajte preljev. Nježno umiješajte sir. Dostavite odmah ili ohladite i poslužite smrznuto.

Nutritivna vrijednost (za 100g): 114 kalorija 13 g masti 18 g ugljikohidrata 27 g proteina 811 mg natrija

Denver prženi omlet

Vrijeme pripreme: 10 minuta

Vrijeme za kuhanje: 30 minuta

Porcije: 4

Razina težine: prosječna

Sastojci:

- 2 žlice maslaca
- 1/2 luka, mljeveno meso
- 1/2 zelene paprike, mljevene
- 1 šalica nasjeckane kuhane šunke
- 8 jaja
- 1/4 šalice mlijeka
- 1/2 šalice ribanog cheddar sira i mljevenog crnog papra po ukusu

Upute:

Zagrijte pećnicu na 200 stupnjeva C (400 stupnjeva F). Okruglu posudu za pečenje od 10 cm namastite.

Otopite maslac na srednjoj vatri; kuhajte i miješajte luk i papriku dok ne omekšaju, oko 5 minuta. Umiješajte šunku i nastavite kuhati dok sve ne bude vruće 5 minuta.

U velikoj zdjeli umutite jaja i mlijeko. Umiješajte smjesu cheddar sira i šunke; Začinite solju i crnim paprom. Smjesu izliti u posudu za pečenje. Pecite u pećnici, oko 25 minuta. Poslužite vruće.

Nutritivna vrijednost (za 100g): 345 kalorija 26,8 g masti 3,6 g ugljikohidrata 22,4 g bjelančevina 712 mg natrija

Tava za kobasice

Vrijeme pripreme: 25 minuta
Vrijeme za kuhanje: 60 minuta
Porcije: 12
Razina težine: prosječna

Sastojci:

- Kobasica za doručak od kadulje od 1 funte,
- 3 šalice naribanog krumpira, ocijeđenog i ocijeđenog
- 1/4 šalice otopljenog maslaca,
- 12 oz mekog ribanog sira Cheddar
- 1/2 šalice luka, naribanog
- 1 (16 oz) mala posuda za svježi sir
- 6 divovskih jaja

Upute:

Zagrijte pećnicu na 190 °C. Lagano namastite četvrtastu posudu za pečenje veličine 9 x 13 inča.

Stavite kobasicu u veliku duboku tavu. Pecite na srednjoj vatri dok ne postane glatko. Ocijedite, izmrvite i rezervirajte.

U pripremljenu posudu za pečenje pomiješajte naribani krumpir i maslac. Smjesom prekrijte dno i stranice posude. Pomiješajte u zdjeli kobasicu, cheddar, luk, svježi sir i jaja. Prelijte smjesom od krumpira. Neka se ispeče.

Ostavite da se ohladi 5 minuta prije posluživanja.

Nutritivna vrijednost (za 100g): 355 kalorija 26,3 g masti 7,9 g ugljikohidrata 21,6 g bjelančevina 755 mg natrija.

Marinirani škampi na žaru

Vrijeme pripreme: 30 minuta
Vrijeme za kuhanje: 60 minuta
Porcije: 6
Razina težine: lako

Sastojci:

- 1 šalica maslinovog ulja,
- 1/4 šalice nasjeckanog svježeg peršina
- 1 limun, iscijeđen,
- 3 češnja češnjaka sitno nasjeckana
- 1 žlica pirea od rajčice
- 2 žličice sušenog origana,
- 1 žličica soli
- 2 žlice umaka od ljutih papričica
- 1 žličica mljevenog crnog papra,
- 2 kilograma škampa, oguljenih i očišćenih od repova

Upute:

Pomiješajte maslinovo ulje, peršin, limunov sok, ljuti umak, češnjak, pire od rajčice, origano, sol i crni papar u zdjeli. Rezervirajte malu količinu za nanizanje kasnije. Napunite veliku plastičnu vrećicu koja se može zatvoriti marinadom i račićima. Zatvorite i ostavite da se hladi 2 sata.

Zagrijte roštilj na srednje jakoj vatri. Nabodite škampe na ražnjiće, jednom nabodite na rep, a jednom na glavu. Odbacite marinadu.

Lagano nauljite roštilj. Pecite kozice 5 minuta sa svake strane ili dok ne postanu neprozirne, često podlijte marinadom koju ste spremili.

Nutritivna vrijednost (za 100g): 447 kalorija 37,5 g masti 3,7 g ugljikohidrata 25,3 g bjelančevina 800 mg natrija

Tepsija od kobasica i jaja

Vrijeme pripreme: 20 minuta

Vrijeme za kuhanje: 1 sat i 10 minuta

Porcije: 12

Razina težine: prosječna

Sastojci:

- 3/4 funte sitno nasjeckane svinjske kobasice
- 1 žlica maslaca
- 4 glavice luka, mljeveno meso
- 1/2 funte svježih gljiva
- 10 jaja, tučenih
- 1 spremnik (16 grama) nemasnog svježeg sira
- 1 funta Monterey Jack sira, naribanog
- 2 limenke zelene paprike narezane na kockice, ocijeđene
- 1 šalica brašna, 1 žličica praška za pecivo
- 1/2 žličice soli
- 1/3 šalice otopljenog maslaca

Upute:

U duboku tavu stavite kobasicu. Pecite na srednjoj vatri dok ne postane glatko. Ocijedite i ostavite sa strane. U tavi rastopite maslac, kuhajte i pirjajte mladi luk i gljive dok ne omekšaju.

Pomiješajte jaja, svježi sir, Monterey Jack sir i paprike u velikoj zdjeli. Umiješajte kobasice, mladi luk i gljive. Pokrijte i prenoćite u hladnjaku.

Postavite pećnicu na 175 °C (350 °F). Namastite svijetlu posudu za pečenje 9 x 13 inča.

Prosijte brašno, prašak za pecivo i sol u zdjelu. Umiješajte otopljeni maslac. Umiješajte smjesu od brašna u smjesu od jaja. Ulijte u pripremljenu posudu za pečenje. Pecite dok lagano ne porumene. Pustite da odstoji 10 minuta prije posluživanja.

Nutritivna vrijednost (za 100g): 408 kalorija 28,7 g masti 12,4 g ugljikohidrata 25,2 g bjelančevina 1095 mg natrija

Pečeni kvadrati omleta

Vrijeme pripreme: 15 minuta
Vrijeme za kuhanje: 30 minuta
Porcije: 8
Razina težine: lako

Sastojci:

- 1/4 šalice maslaca
- 1 manja glavica luka, mljeveno meso
- 1 1/2 šalice ribanog cheddar sira
- 1 limenka narezanih gljiva
- 1 limenka kuhane šunke crnih maslina (po želji)
- narezane jalapeno paprike (po želji)
- 12 jaja, kajgana
- 1/2 šalice mlijeka
- sol i papar, po ukusu

Upute:

Pripremite pećnicu na 205 °C (400 °F). Namastite posudu za pečenje 9 x 13 inča.

Zakuhajte maslac u tavi na srednje jakoj vatri i dinstajte luk dok ne bude gotov.

Na dno pripremljene posude za pečenje rasporedite sir Cheddar. Slojeviti s gljivama, maslinama, prženim lukom, šunkom i jalapeno paprikom. Jaja razmutite u posudi s mlijekom, solju i paprom. Preko sastojaka prelijte smjesu od jaja, ali nemojte miješati.

Pecite u nepoklopljenoj i prethodno zagrijanoj pećnici, dok tekućina ne prestane teći u sredini i dok gore ne bude svijetlo smeđa. Ostavite da se malo prohladi pa ga narežite na kvadrate i poslužite.

Nutritivna vrijednost (za 100g): 344 kalorije 27,3 g masti 7,2 g ugljikohidrata 17,9 g bjelančevina 1087 mg natrija

Tvrdo kuhano jaje

Vrijeme pripreme: 5 minuta
Vrijeme za kuhanje: 15 minuta
Porcije: 8
Razina težine: lako

Sastojci:

- 1 žlica soli
- 1/4 šalice destiliranog bijelog octa
- 6 šalica vode
- 8 jaja

Upute:

Stavite sol, ocat i vodu u veliki lonac i zakuhajte na jakoj vatri. Umiješajte jedno po jedno jaje, pazite da se ne raspuknu. Smanjite vatru i kuhajte na laganoj vatri te kuhajte 14 minuta.

Izvadite jaja iz vruće vode i stavite ih u posudu napunjenu ledenom ili hladnom vodom. Potpuno ohladiti, otprilike 15 minuta.

Nutritivna vrijednost (za 100g): 72 kalorije 5 g masti 0,4 g ugljikohidrata 6,3 g bjelančevina 947 mg natrija

Gljive s glazurom od soja umaka

Vrijeme pripreme: 5 minuta

Vrijeme za kuhanje: 10 minuta

Porcije: 2

Razina težine: prosječna

Sastojci:

- 2 žlice maslaca
- 1 (8 unci) paket narezanih bijelih gljiva
- 2 češnja češnjaka, mljevena
- 2 žličice soja umaka
- mljeveni crni papar po ukusu

Upute:

Zakuhajte maslac u tavi na srednje jakoj vatri; umiješajte gljive; kuhajte i miješajte dok gljive ne omekšaju i opuste se oko 5 minuta. Umiješajte češnjak; nastavite kuhati i miješajte 1 minutu. Ulijte soja umak; kuhajte gljive u sojinom umaku dok tekućina ne ispari, oko 4 minute.

Nutritivna vrijednost (za 100g): 135 kalorija 11,9 g masti 5,4 g ugljikohidrata

Feferoni Jaja

Vrijeme pripreme: 10 minuta

Vrijeme za kuhanje: 20 minuta

Porcije: 2

Razina težine: prosječna

Sastojci:

- 1 šalica zamjene za jaja
- 1 jaje
- 3 glavice luka, mljeveno meso
- 8 feferona narezanih na kockice
- 1/2 žličice češnjaka u prahu
- 1 žličica otopljenog maslaca
- 1/4 šalice ribanog sira Romano
- sol i mljeveni crni papar po ukusu

Upute:

Pomiješajte zamjenu za jaja, jaje, mladi luk, kriške feferona i češnjak u prahu u zdjeli.

Skuhajte maslac u neprianjajućoj tavi na laganoj vatri; Dodajte smjesu od jaja, zatvorite posudu i kuhajte 10 do 15 minuta. Pospite Romano's jajima i začinite solju i paprom.

Nutritivna vrijednost (za 100g): 266 kalorija 16,2 g masti 3,7 g ugljikohidrata 25,3 g bjelančevina 586 mg natrija

kolačići od jaja

Vrijeme pripreme: 15 minuta
Vrijeme za kuhanje: 20 minuta
Porcije: 6
Razina težine: prosječna

Sastojci:

- 1 paket slanine (12 unci)
- 6 jaja
- 2 žlice mlijeka
- 1/4 žličice soli
- 1/4 žličice mljevenog crnog papra
- 1 c. Topljeni maslac
- 1/4 žličice. Sušeni peršin
- 1/2 šalice šunke
- 1/4 šalice mozzarella sira
- 6 kriški gaude

Upute:

Pripremite pećnicu na 175°C (350°F). Pecite slaninu na srednjoj vatri, dok ne počne rumeniti. Ploške slanine osušite kuhinjskim papirom.

Stavite ploške slanine u 6 šalica neprianjajuće posude za muffine. Preostalu slaninu narežite i stavite na dno svake šalice.

Pomiješajte jaja, mlijeko, maslac, peršin, sol i papar. Dodajte šunku i mozzarella sir.

Napunite šalice smjesom od jaja; ukrasite gauda sirom.

Pecite u prethodno zagrijanoj pećnici dok se gauda sir ne otopi, a jaja omekšaju oko 15 minuta.

Nutritivna vrijednost (za 100g): 310 kalorija 22,9 g masti 2,1 g ugljikohidrata 23,1 g bjelančevina 988 mg natrija.

Jaja dinosaura

Vrijeme pripreme: 20 minuta
Vrijeme za kuhanje: 15 minuta
Porcije: 4
Razina težine: Teško

Sastojci:

- Umak od senfa:
- 1/4 šalice grubog senfa
- 1/4 šalice grčkog jogurta
- 1 žličica češnjaka u prahu
- 1 prstohvat kajenskog papra
- Jaja:
- 2 razmućena jaja
- 2 šalice pahuljica pire krumpira
- 4 kuhana jaja, oguljena
- 1 limenka (15 oz) HORMEL® Mary Kitchen® mljevena goveđa limenka sitno nasjeckana
- 2 litre biljnog ulja za prženje

Upute:

Pomiješajte staromodni senf, grčki jogurt, češnjak u prahu i kajenski papar u maloj zdjeli dok ne dobijete glatku smjesu.

Prebacite 2 tučena jaja u plitku posudu; stavite pahuljice krumpira u zasebnu plitku posudu.

Podijelite mljeveno meso na 4 obroka. Oko svakog jajeta oblikovati posoljenu junetinu dok se potpuno ne zamota.

Zamotana jaja namočite u razmućeno jaje i premažite pireom od krumpira dok ne budu prekrivena.

Nalijte ulje u veliki lonac i zagrijte ga na 190°C (375°F).

U vruće ulje stavite 2 jaja i pecite 3 do 5 minuta dok ne porumene. Žličicom vaditi i stavljati na tanjur obložen kuhinjskim papirom. Ponovite ovo s preostala 2 jaja.

Prerežite po dužini i poslužite s umakom od senfa.

Nutritivna vrijednost (za 100g): 784 kalorija 63,2 g masti 34 g ugljikohidrata

Fritata od kopra i rajčice

Vrijeme pripreme: 10 minuta

Vrijeme za kuhanje: 35 minuta

Porcije: 6

Razina težine: prosječna

Sastojci:

- Papar i sol po ukusu
- 1 žličica pahuljica crvene paprike
- 2 režnja češnjaka, mljevena
- ½ šalice izmrvljenog kozjeg sira – po želji
- 2 žlice svježeg vlasca, nasjeckanog
- 2 žlice svježeg kopra, nasjeckanog
- 4 rajčice, narezane na kockice
- 8 jaja, umućenih
- 1 žličica kokosovog ulja

Upute:

Namastite okruglu tepsiju od 9 inča i zagrijte pećnicu na 325oF.

U velikoj zdjeli dobro izmiješajte sve sastojke i izlijte ih u pripremljenu posudu.

Stavite u pećnicu i pecite dok sredina ne bude pečena oko 30-35 minuta.

Izvadite iz pećnice i ukrasite s još vlasca i kopra.

Nutritivna vrijednost (za 100g): 149 kalorija 10,28 g masti 9,93 g ugljikohidrata 13,26 g bjelančevina 523 mg natrija

Paleo palačinke s bademom i bananom

Vrijeme pripreme: 10 minuta
Vrijeme za kuhanje: 10 minuta
Porcije: 3
Razina težine: prosječna

Sastojci:

- ¼ šalice bademovog brašna
- ½ žličice mljevenog cimeta
- 3 jaja
- 1 banana, zgnječena
- 1 žlica maslaca od badema
- 1 žličica ekstrakta vanilije
- 1 žličica maslinovog ulja
- Narezana banana za posluživanje

Upute:

U zdjeli umutite jaja dok ne postanu pjenasta. U drugoj zdjeli vilicom zgnječite bananu i dodajte u smjesu od jaja. Dodajte vaniliju, maslac od badema, cimet i bademovo brašno. Izmiksajte u glatku smjesu. Zagrijte maslinovo ulje u tavi. Dodajte jednu žlicu tijesta i pržite ih s obje strane.

Nastavite raditi ove korake dok ne završite sa svim tijestom.

Dodajte malo narezane banane na vrh prije posluživanja.

Nutritivna vrijednost (za 100g): 306 kalorija 26 g masti 3,6 g ugljikohidrata 14,4 g bjelančevina 588 mg natrija

Tikvice s jajima

Vrijeme pripreme: 5 minuta
Vrijeme za kuhanje: 10 minuta
Porcije: 2
Razina težine: lako

Sastojci:

- 1 1/2 žlice maslinovog ulja
- 2 velike tikvice, narezane na velike komade
- sol i mljeveni crni papar po ukusu
- 2 velika jaja
- 1 žličica vode ili po želji

Upute:

Zagrijte ulje u tavi na srednje jakoj vatri; pirjajte tikvice dok ne omekšaju, oko 10 minuta. Tikvice dobro začinite.

Razmutite jaja vilicom u zdjelu. Ulijte vodu i tucite dok se sve dobro ne sjedini. Prelijte jaja preko tikvica; kuhajte i miješajte dok kajgana ne prestane teći, oko 5 minuta. Dobro začinite tikvice i jaja.

Nutritivna vrijednost (za 100g): 213 kalorija 15,7 g masti 11,2 g ugljikohidrata 10,2 g bjelančevina 180 mg natrija

Amiški složenac za doručak od sira

Vrijeme pripreme: 10 minuta
Vrijeme za kuhanje: 50 minuta
Porcije: 12
Razina težine: lako

Sastojci:

- 1 funta slanine narezane na kockice,
- 1 glavica slatkog luka, mljeveno meso
- 4 šalice naribanog i smrznutog krumpira, odmrznutog
- 9 lagano tučenih jaja
- 2 šalice ribanog cheddar sira
- 1 1/2 šalica svježeg sira
- 1 1/4 šalice ribanog švicarskog sira

Upute:

Zagrijte pećnicu na 175 °C (350 °F). Namastite posudu za pečenje 9 x 13 inča.

Zagrijte veliku tavu na srednjoj vatri; kuhajte i miješajte slaninu i luk dok se slanina ravnomjerno ne zapeče oko 10 minuta. Ocijediti. Pomiješajte krumpir, jaja, cheddar sir, svježi sir i švicarski sir. Napunite smjesu u pripremljenu posudu za pečenje.

Pecite u pećnici dok se jaja ne ispeku i sir ne otopi 45 do 50 minuta. Ostavite sa strane 10 minuta prije rezanja i posluživanja.

Nutritivna vrijednost (za 100g): 314 kalorija 22,8 g masti 12,1 g ugljikohidrata 21,7 g bjelančevina 609 mg natrija

Salata sa Roquefort sirom

Vrijeme pripreme: 20 minuta
Vrijeme za kuhanje: 25 minuta
Porcije: 6
Razina težine: lako

Sastojci:

- 1 list zelene salate, narezan na komade veličine zalogaja
- 3 kruške - oguljene, bez jezgre i narezane na komade
- 5 oz Roquefort sira, izmrvljenog
- 1/2 šalice nasjeckanog mladog luka
- 1 avokado - oguljen, bez sjemenki i narezan na kockice
- 1/4 šalice bijelog šećera
- 1/2 šalice pekan oraha
- 1 1/2 žličica bijelog šećera
- 1/3 šalice maslinovog ulja,
- 3 žlice crvenog vinskog octa,
- 1 1/2 žličice pripremljenog senfa,
- 1 režanj nasjeckanog češnjaka,
- 1/2 žličice svježeg mljevenog crnog papra

Upute:

Pomiješajte 1/4 šalice šećera s pekan orašicama u tavi na srednje jakoj vatri. Nastavite lagano miješati dok se šećer ne rastopi s pekan orahima. Pažljivo namjestite matice na voštani papir. Ostavite sa strane i izlomite na komade.

Kombinacija za vinaigrette ulje, ocat, 1 1/2 žličica šećera, senf, nasjeckani češnjak, sol i papar.

U velikoj zdjeli pomiješajte zelenu salatu, kruške, plavi sir, avokado i mladi luk. Prelijte vinaigrette preko salate, prelijte pekan orahima i poslužite.

Nutritivna vrijednost (za 100g): 426 kalorija 31,6 g masti 33,1 g ugljikohidrata 8 g bjelančevina 654 mg natrija

Riža s vermicellima

Vrijeme pripreme: 5 minuta
Vrijeme za kuhanje: 45 minuta
Porcije: 6
Razina težine: lako

Sastojci:

- 2 šalice riže kratkog zrna
- 3½ šalice vode, plus još za ispiranje i namakanje riže
- ¼ šalice maslinovog ulja
- 1 šalica izlomljene vermicelli tjestenine
- Sol

Upute:

Namočite rižu u hladnoj vodi dok voda ne postane čista. Stavite rižu u zdjelu, prelijte vodom i ostavite da se namače 10 minuta. Ocijedite i ostavite sa strane. Kuhajte maslinovo ulje u srednjem loncu na srednjoj vatri.

Umiješajte vermicelli i kuhajte 2 do 3 minute, neprestano miješajući, dok ne porumene.

Stavite rižu i kuhajte 1 minutu uz miješanje da riža bude dobro obložena uljem. Umiješajte vodu i prstohvat soli i zakuhajte tekućinu. Prilagodite temperaturu i kuhajte 20 minuta. Maknite s vatre i ostavite da odstoji 10 minuta. Probosti vilicom i poslužiti.

Nutritivna vrijednost (za 100g): 346 kalorija 9 g ukupne masti 60 g ugljikohidrata 2 g proteina 0,9 mg natrija

Fava grah i riža

Vrijeme pripreme: 10 minuta
Vrijeme za kuhanje: 35 minuta
Porcije: 4
Razina težine: lako

Sastojci:

- ¼ šalice maslinovog ulja
- 4 šalice svježih fava graha, oljuštenih
- 4½ šalice vode, plus još za podlijevanje
- 2 šalice basmati riže
- 1/8 žličice soli
- 1/8 žličice svježe mljevenog crnog papra
- 2 žlice pinjola, prženih
- ½ šalice nasjeckanog svježeg luka vlasca ili svježeg luka vlasca

Upute:

Napunite posudu za umak maslinovim uljem i kuhajte na srednjoj vatri. Dodajte mahune i pokapajte ih s malo vode da ne zagore ili se zalijepe. Kuhajte 10 minuta.

Lagano umiješajte rižu. Dodajte vodu, sol i papar. Postavite vatru i zakuhajte smjesu. Prilagodite vatru i ostavite da lagano kuha 15 minuta.

Skinite s vatre i ostavite da odstoji 10 minuta prije posluživanja. Žlicom stavite na pladanj za posluživanje i pospite tostiranim pinjolima i vlascem.

Nutritivna vrijednost (za 100g): 587 kalorija 17 g ukupne masti 97 g ugljikohidrata 2 g proteina 0,6 mg natrija

Fava grah s maslacem

Vrijeme pripreme: 30 minuta
Vrijeme za kuhanje: 15 minuta
Porcije: 4
Razina težine: lako

Sastojci:

- ½ šalice juhe od povrća
- 4 funte fava graha, oljuštenog
- ¼ šalice svježeg estragona, podijeljenog
- 1 žličica nasjeckanog svježeg timijana
- ¼ žličice svježe mljevenog crnog papra
- 1/8 žličice soli
- 2 žlice maslaca
- 1 češanj češnjaka, samljeven
- 2 žlice nasjeckanog svježeg peršina

Upute:

Zakuhajte juhu od povrća u plitkoj posudi na srednjoj vatri. Dodajte mahune, 2 žlice estragona, majčinu dušicu, papar i sol. Kuhajte dok se juha gotovo ne upije i grah ne omekša.

Umiješajte maslac, češnjak i preostale 2 žlice estragona. Kuhajte 2 do 3 minute. Pospite peršinom i poslužite vruće.

Nutritivna vrijednost (za 100g): 458 kalorija 9 g masti 81 g ugljikohidrata 37 g proteina 691 mg natrija

Freekeh

Vrijeme pripreme: 10 minuta
Vrijeme za kuhanje: 40 minuta
Porcije: 4
Razina težine: lako

Sastojci:

- 4 žlice gheeja
- 1 glavica luka nasjeckana
- 3½ šalice juhe od povrća
- 1 žličica mljevene pimente
- 2 šalice freekeha
- 2 žlice pinjola, prženih

Upute:

Otopite ghee u loncu s debelim dnom na srednjoj vatri. Umiješajte luk i kuhajte oko 5 minuta uz stalno miješanje dok luk ne porumeni. Ulijte povrtnu juhu, dodajte alevu papriku i prokuhajte. Umiješajte freekeh i vratite smjesu da zavrije. Prilagodite temperaturu i kuhajte 30 minuta, povremeno promiješajte. Žlicom stavite freekeh u zdjelu za posluživanje i pospite tostiranim pinjolima.

Nutritivna vrijednost (za 100g): 459 kalorija 18 g masti 64 g ugljikohidrata 10 g proteina 692 mg natrija

Pržene kuglice od riže s umakom od rajčice

Vrijeme pripreme: 15 minuta
Vrijeme za kuhanje: 20 minuta
Porcije: 8
Razina težine: Teško

Sastojci:

- 1 šalica krušnih mrvica
- 2 šalice kuhanog rižota
- 2 velika jaja, podijeljena
- ¼ šalice svježe ribanog parmezana
- 8 svježih baby kuglica mozzarelle ili 1 (4 inča) cjepanica svježe mozzarelle, izrezana na 8 dijelova
- 2 žlice vode
- 1 šalica kukuruznog ulja
- 1 šalica osnovnog umaka od rajčice i bosiljka ili kupljenog u trgovini

Upute:

Stavite krušne mrvice u malu zdjelu i ostavite sa strane. U srednjoj zdjeli dobro promiješajte rižoto, 1 jaje i parmezan. Smjesu za rižoto podijelite na 8 dijelova. Stavite ih na čistu radnu površinu i spljoštite svaki komad.

Stavite 1 kuglicu mozzarelle na svaki spljošteni disk riže. Zatvorite rižu oko mozzarelle da napravite kuglicu. Ponavljajte dok ne završite sve kuglice. U istoj, sada praznoj zdjeli, umutite preostalo jaje i vodu. Svaku pripremljenu kuglicu rižota umočite u otopinu od jaja i uvaljajte u krušne mrvice. Staviti na stranu.

Zakuhajte kukuruzno ulje u tavi na jakoj vatri. Kuglice rižota lagano spuštajte u vruće ulje i pržite 5 do 8 minuta dok ne porumene. Po potrebi ih promiješajte kako bi se cijela površina pržila. Pržene kuglice šupljikavom žlicom stavljati na papirnate ubruse da se ocijede.

Zagrijte umak od rajčice u srednjoj tavi na srednjoj vatri 5 minuta, povremeno promiješajte i poslužite topli umak uz rižine okruglice.

Nutritivna vrijednost (za 100g): 255 kalorija 15 g masti 16 g ugljikohidrata 2 g proteina 669 mg natrija

Riža na španjolski način

Vrijeme pripreme: 10 minuta
Vrijeme za kuhanje: 35 minuta
Porcije: 4
Razina težine: prosječna

Sastojci:

- ¼ šalice maslinovog ulja
- 1 manja glavica luka sitno nasjeckana
- 1 crvena paprika, očišćena od sjemenki i narezana na kockice
- 1½ šalice bijele riže
- 1 žličica slatke paprike
- ½ žličice mljevenog kima
- ½ žličice mljevenog korijandera
- 1 češanj češnjaka, samljeven
- 3 žlice paste od rajčice
- 3 šalice juhe od povrća
- 1/8 žličice soli

Upute:

Zagrijte maslinovo ulje u velikoj tavi s debelim dnom na srednjoj vatri. Umiješajte luk i crvenu papriku. Kuhajte 5 minuta ili dok ne omekša. Dodajte rižu, papriku, kumin i korijander i kuhajte 2 minute, često miješajući.

Dodajte češnjak, pastu od rajčice, juhu od povrća i sol. Dobro promiješajte i začinite po potrebi. Ostavite smjesu da prokuha. Smanjite vatru i kuhajte 20 minuta.

Ostavite sa strane 5 minuta prije posluživanja.

Nutritivna vrijednost (za 100g): 414 kalorija 14 g masti 63 g ugljikohidrata 2 g proteina 664 mg natrija

Tikvice s rižom i Tzatzikijem

Vrijeme pripreme: 20 minuta
Vrijeme za kuhanje: 35 minuta
Porcije: 4
Razina težine: prosječna

Sastojci:

- ¼ šalice maslinovog ulja
- 1 glavica luka nasjeckana
- 3 tikvice, narezane na kockice
- 1 šalica juhe od povrća
- ½ šalice nasjeckanog svježeg kopra
- Sol
- Svježe mljeveni crni papar
- 1 šalica riže kratkog zrna
- 2 žlice pinjola
- 1 šalica Tzatziki umaka, običnog jogurta ili kupljenog u trgovini

Upute:

Kuhajte ulje u loncu s debelim dnom na srednjoj vatri. Umiješajte luk, smanjite vatru na srednje nisku i pirjajte 5 minuta. Umiješajte tikvice i kuhajte još 2 minute.

Umiješajte juhu od povrća i kopar te začinite solju i paprom. Pojačajte vatru na srednju i pustite da smjesa zavrije.

Umiješajte rižu i smjesu ponovno stavite kuhati. Postavite vatru na vrlo nisku temperaturu, poklopite lonac i kuhajte 15 minuta. Maknite s vatre i ostavite sa strane, 10 minuta. Zagrabite rižu na pladanj za posluživanje, pospite pinjolima i poslužite s tzatziki umakom.

Nutritivna vrijednost (za 100g): 414 kalorija 17 g masti 57 g ugljikohidrata 5 g proteina 591 mg natrija

Cannellini grah s ružmarinom i češnjakom Aioli

Vrijeme pripreme: 10 minuta
Vrijeme za kuhanje: 10 minuta
Porcije: 4
Razina težine: lako

Sastojci:

- 4 šalice kuhanog cannellini graha
- 4 šalice vode
- ½ žličice soli
- 3 žlice maslinovog ulja
- 2 žlice nasjeckanog svježeg ružmarina
- ½ šalice češnjaka Aioli
- ¼ žličice svježe mljevenog crnog papra

Upute:

Pomiješajte cannellini grah, vodu i sol u srednje velikoj tavi na srednjoj vatri. Pustite da prokuha. Kuhajte 5 minuta. Ocijediti. Zagrijte maslinovo ulje u tavi na srednjoj vatri.

Dodajte mahune. Umiješajte ružmarin i aioli. Podesite temperaturu na srednje nisku i kuhajte uz miješanje samo da se zagrije. Začinite paprom i poslužite.

Nutritivna vrijednost (za 100g): 545 kalorija 36 g masti 42 g ugljikohidrata 14 g proteina 608 mg natrija

Riža s draguljima

Vrijeme pripreme: 15 minuta

Vrijeme za kuhanje: 30 minuta

Porcije: 6

Razina težine: Teško

Sastojci:

- ½ šalice maslinovog ulja, podijeljeno
- 1 glavica luka sitno nasjeckana
- 1 češanj češnjaka, samljeven
- ½ žličice nasjeckanog oguljenog svježeg đumbira
- 4½ šalice vode
- 1 žličica soli, podijeljena, plus još po potrebi
- 1 žličica mljevene kurkume
- 2 šalice basmati riže
- 1 šalica svježeg slatkog graška
- 2 mrkve, oguljene i narezane na kockice od ½ inča
- ½ šalice sušenih brusnica
- Naribana korica 1 naranče
- 1/8 žličice kajenskog papra
- ¼ šalice narezanih badema, tostiranih

Upute:

Zagrijte ¼ šalice maslinovog ulja u velikoj tavi. Stavite luk i kuhajte 4 minute. Pirjajte na češnjaku i đumbiru.

Umiješajte vodu, ¾ žličice soli i kurkumu. Zakuhajte smjesu. Stavite rižu i vratite smjesu da prokuha. Kušajte juhu i po potrebi začinite s još soli. Odaberite nisku temperaturu i kuhajte 15 minuta. Isključite vatru. Ostavite rižu da odstoji na plameniku, pokrivenu, 10 minuta. U međuvremenu, u srednjoj tavi ili tavi na srednje niskoj temperaturi zagrijte preostalu ¼ šalice maslinovog ulja. Umiješajte grašak i mrkvu. Kuhajte 5 minuta.

Umiješajte brusnice i koricu naranče. Pospite preostalom soli i kajenskom paprikom. Kuhajte 1 do 2 minute. Žlicom rasporedite rižu na tanjur za posluživanje. Na vrh stavite grašak i mrkvu te pospite prženim bademima.

Nutritivna vrijednost (za 100g): 460 kalorija 19 g masti 65 g ugljikohidrata 4 g proteina 810 mg natrija

Rižoto od šparoga

Vrijeme pripreme: 15 minuta
Vrijeme za kuhanje: 30 minuta
Porcije: 4
Razina težine: Teško

Sastojci:

- 5 šalica juhe od povrća, podijeljeno
- 3 žlice neslanog maslaca, podijeljene
- 1 žlica maslinovog ulja
- 1 manja glavica luka nasjeckana
- 1½ šalice Arborio riže
- 1 funta svježih šparoga, odrezani krajevi, narezani na komade od 1 inča, vrhovi odvojeni
- ¼ šalice svježe ribanog parmezana

Upute:

Zakuhajte juhu od povrća na srednjoj vatri. Namjestite vatru na nisku temperaturu i kuhajte. Pomiješajte 2 žlice maslaca s maslinovim uljem. Umiješajte luk i kuhajte 2 do 3 minute.

Stavite rižu i miješajte drvenom kuhačom dok kuhate 1 minutu dok se zrna dobro ne prekriju maslacem i uljem.

Umiješajte ½ šalice tople juhe. Kuhajte i nastavite miješati dok se juha potpuno ne upije. Dodajte stabljike šparoga i još ½ šalice juhe. Kuhajte i povremeno promiješajte. Nastavite dodavati juhu, ½ šalice odjednom, i kuhajte dok se potpuno ne upije nakon dodavanja sljedeće ½ šalice. Često miješajte da se ne zalijepe. Riža treba biti kuhana, ali još uvijek čvrsta.

Dodajte vrhove šparoga, preostalu 1 žlicu maslaca i parmezan. Snažno promiješajte da se sjedini. Maknite s vatre, po želji dodajte još parmezana i odmah poslužite.

Nutritivna vrijednost (za 100g): 434 kalorije 14 g masti 67 g ugljikohidrata 6 g proteina 517 mg natrija

Marokanski Tagine s povrćem

Vrijeme pripreme: 20 minuta

Vrijeme za kuhanje: 40 minuta

Porcije: 2

Razina težine: prosječna

Sastojci:

- 2 žlice maslinovog ulja
- ½ luka, narezanog na kockice
- 1 češanj češnjaka, samljeven
- 2 šalice cvjetova cvjetače
- 1 srednja mrkva, izrezana na komade od 1 inča
- 1 šalica patlidžana narezanog na kockice
- 1 limenka cijele rajčice sa sokom
- 1 (15 unci / 425 g) limenka slanutka
- 2 manja crvena krumpira
- 1 šalica vode
- 1 žličica čistog javorovog sirupa
- ½ žličice cimeta
- ½ žličice kurkume
- 1 žličica kumina
- ½ žličice soli
- 1 do 2 žličice harissa paste

Upute:

U holandskoj pećnici zagrijte maslinovo ulje na srednje jakoj vatri. Pirjajte luk 5 minuta, povremeno miješajući, ili dok luk ne postane proziran.

Umiješajte češnjak, cvjetove cvjetače, mrkvu, patlidžan, rajčicu i krumpir. Zgnječite rajčicu drvenom žlicom na manje komade.

Dodajte slanutak, vodu, javorov sirup, cimet, kurkumu, kumin i sol te promiješajte da se sjedini. Neka prokuha

Kad je gotovo, smanjite vatru na srednje nisku. Umiješajte harissa pastu, poklopite i ostavite da kuha oko 40 minuta, odnosno dok povrće ne omekša. Kušajte i prilagodite začine po potrebi. Pustite da odmori prije posluživanja.

Nutritivna vrijednost (za 100g): 293 kalorije 9,9 g masti 12,1 g ugljikohidrata 11,2 g bjelančevina 811 mg natrija

Oblozi od zelene salate od slanutka i celera

Vrijeme pripreme: 10 minuta
Vrijeme za kuhanje: 0 minuta
Porcije: 4
Razina težine: lako

Sastojci:

- 1 (15 unci / 425 g) limenka slanutka s niskim sadržajem natrija
- 1 stabljika celera, tanko narezana
- 2 žlice sitno nasjeckanog crvenog luka
- 2 žlice neslanog tahinija
- 3 žlice meda senfa
- 1 žlica kapara, neocijeđenih
- 12 listova maslaca zelene salate

Upute:

U zdjeli pasirajte slanutak gnječilicom za krumpir ili stražnjom stranom vilice dok uglavnom ne postane glatko. Dodajte celer, crveni luk, tahini, senf od meda i kapare u zdjelu i miješajte dok se dobro ne sjedine.

Za svaku porciju stavite tri preklapajuća lista zelene salate na tanjur i prelijte ¼ nadjeva od pirea od slanutka, a zatim zarolajte. Ponovite s preostalim listovima zelene salate i smjesom od slanutka.

Nutritivna vrijednost (za 100g): 182 kalorije 7,1 g masti 3 g ugljikohidrata 10,3 g bjelančevina 743 mg natrija

Ražnjići od povrća na žaru

Vrijeme pripreme: 15 minuta
Vrijeme za kuhanje: 10 minuta
Porcije: 4
Razina težine: lako

Sastojci:

- 4 srednje glavice crvenog luka, oguljene i narezane na 6 kolutova
- 4 srednje tikvice, narezane na ploške debljine 1 inča
- 2 biftek rajčice, narezane na četvrtine
- 4 crvene paprike babure
- 2 narančaste paprike
- 2 žute paprike
- 2 žlice plus 1 žličica maslinovog ulja

Upute:

Zagrijte roštilj na srednje jaku temperaturu. Nabodite povrće naizmjenično između crvenog luka, tikvica, rajčica i paprika različitih boja. Premažite ih sa 2 žlice maslinovog ulja.

Rešetke za roštilj nauljite 1 žličicom maslinovog ulja i pecite ražnjiće od povrća 5 minuta. Okrenite ražnjiće i pecite ih na roštilju još 5 minuta ili dok ne budu pečeni po vašoj želji. Ostavite ražnjiće da se ohlade 5 minuta prije posluživanja.

Nutritivna vrijednost (za 100g): 115 kalorija 3 g masti 4,7 g ugljikohidrata 3,5 g bjelančevina 647 mg natrija

Punjeni Portobello gljive s rajčicama

Vrijeme pripreme: 10 minuta
Vrijeme za kuhanje: 15 minuta
Porcije: 4
Razina težine: prosječna

Sastojci:

- 4 velika klobuka šampinjona portobello
- 3 žlice ekstra djevičanskog maslinovog ulja
- Sol i crni papar, po ukusu
- 4 sušene rajčice
- 1 šalica nasjeckanog mozzarella sira, podijeljena
- ½ do ¾ šalice umaka od rajčice s niskim sadržajem natrija

Upute:

Prethodno zagrijte brojler na visokoj razini. Klobuke šampinjona poslažite na lim za pečenje i pokapajte maslinovim uljem. Pospite solju i paprom. Pecite 10 minuta, okrećući klobuke gljiva do pola, dok ne porumene na vrhu.

Izvadite iz pečenja. Na svaki klobuk šampinjona žlicom stavite 1 rajčicu, 2 žlice sira i 2 do 3 žlice umaka. Vratite klobuke gljiva u posudu za pečenje i nastavite peći 2 do 3 minute. Ohladite 5 minuta prije posluživanja.

Nutritivna vrijednost (za 100g): 217 kalorija 15,8 g masti 9 g ugljikohidrata 11,2 g proteina 793 mg natrija

Uvelo zelje maslačka sa slatkim lukom

Vrijeme pripreme: 15 minuta
Vrijeme za kuhanje: 15 minuta
Porcije: 4
Razina težine: lako

Sastojci:

- 1 žlica ekstra djevičanskog maslinovog ulja
- 2 režnja češnjaka, mljevena
- 1 luk Vidalia, narezan na tanke ploške
- ½ šalice juhe od povrća s niskim sadržajem natrija
- 2 vezice zelenila maslačka, grubo nasjeckanog
- Svježe mljeveni crni papar, po ukusu

Upute:

Zagrijte maslinovo ulje u velikoj tavi na laganoj vatri. Dodajte češnjak i luk i kuhajte 2 do 3 minute, povremeno miješajući, ili dok luk ne postane proziran.

Umiješajte povrtnu juhu i zelje maslačka i kuhajte 5 do 7 minuta dok ne uvene, često miješajući. Pospite crnim paprom i poslužite na tanjuru dok je toplo.

Nutritivna vrijednost (za 100g): 81 kalorija 3,9 g masti 4 g ugljikohidrata 3,2 g proteina 693 mg natrija

Zeleni celer i gorušica

Vrijeme pripreme: 10 minuta

Vrijeme za kuhanje: 15 minuta

Porcije: 4

Razina težine: prosječna

Sastojci:

- ½ šalice juhe od povrća s niskim sadržajem natrija
- 1 stabljika celera, grubo nasjeckana
- ½ slatkog luka, nasjeckanog
- ½ velike crvene paprike, tanko narezane
- 2 režnja češnjaka, mljevena
- 1 vezica gorušice, grubo nasjeckana

Upute:

Ulijte juhu od povrća u veliku tavu od lijevanog željeza i pustite da lagano kuha na srednjoj vatri. Umiješajte celer, luk, papriku i češnjak. Kuhajte nepoklopljeno oko 3 do 5 minuta.

Dodajte zelje senfa u tavu i dobro promiješajte. Smanjite vatru i kuhajte dok tekućina ne ispari i zelje ne uvene. Maknite s vatre i poslužite toplo.

Nutritivna vrijednost (za 100g): 39 kalorija 3,1 g proteina 6,8 g ugljikohidrata 3 g proteina 736 mg natrija

Scramble od povrća i tofua

Vrijeme pripreme: 5 minuta
Vrijeme za kuhanje: 10 minuta
Porcije: 2
Razina težine: lako

Sastojci:

- 2 žlice ekstra djevičanskog maslinovog ulja
- ½ crvenog luka, sitno nasjeckanog
- 1 šalica nasjeckanog kelja
- 8 unci (227 g) gljiva, narezanih na ploške
- 8 unci (227 g) tofua, narezanog na komade
- 2 režnja češnjaka, mljevena
- Prstohvatite ljuskice crvene paprike
- ½ žličice morske soli
- 1/8 žličice svježe mljevenog crnog papra

Upute:

Kuhajte maslinovo ulje u tavi s neprijanjajućim premazom na srednje jakoj vatri dok ne počne svjetlucati. U tavu dodajte luk, kelj i gljive. Kuhajte uz nepravilno miješanje, ili dok povrće ne počne smeđiti.

Dodajte tofu i miješajući pržite 3 do 4 minute dok ne omekša. Umiješajte češnjak, ljuskice crvene paprike, sol i crni papar i kuhajte 30 sekundi. Pustite da odmori prije posluživanja.

Nutritivna vrijednost (za 100g): 233 kalorije 15,9 g masti 2 g ugljikohidrata 13,4 g bjelančevina 733 mg natrija

Jednostavni Zoodles

Vrijeme pripreme: 10 minuta
Vrijeme za kuhanje: 5 minuta
Porcije: 2
Razina težine: lako

Sastojci:

- 2 žlice ulja avokada
- 2 srednje spiralizirane tikvice
- ¼ žličice soli
- Svježe mljeveni crni papar, po ukusu

Upute:

Zagrijte ulje avokada u velikoj tavi na srednjoj vatri dok ne zasja. Dodajte rezance od tikvica, sol i crni papar u tavu i promiješajte da se pokriju. Kuhajte i neprestano miješajte dok ne omekša. Poslužite toplo.

Nutritivna vrijednost (za 100g): 128 kalorija 14 g masti 0,3 g ugljikohidrata 0,3 g bjelančevina 811 mg natrija

Oblozi od leće i rajčice

Vrijeme pripreme: 15 minuta

Vrijeme za kuhanje: 0 minuta

Porcije: 4

Razina težine: lako

Sastojci:

- 2 šalice kuhane leće
- 5 romskih rajčica narezanih na kockice
- ½ šalice izmrvljenog feta sira
- 10 velikih listova svježeg bosiljka, tanko narezanih
- ¼ šalice ekstra djevičanskog maslinovog ulja
- 1 žlica balzamičnog octa
- 2 režnja češnjaka, mljevena
- ½ žličice sirovog meda
- ½ žličice soli
- ¼ žličice svježe mljevenog crnog papra
- 4 velika lista ogrlice, uklonjene peteljke

Upute:

Pomiješajte leću, rajčice, sir, listove bosiljka, maslinovo ulje, ocat, češnjak, med, sol i crni papar i dobro promiješajte.

Položite listove ogrlice na ravnu radnu površinu. Žlicom jednake količine smjese od leće nanesite na rubove listova. Smotajte ih i prerežite na pola za posluživanje.

Nutritivna vrijednost (za 100g): 318 kalorija 17,6 g masti 27,5 g ugljikohidrata 13,2 g bjelančevina 800 mg natrija

Mediteranska vegetarijanska zdjela

Vrijeme pripreme: 10 minuta

Vrijeme za kuhanje: 20 minuta

Porcije: 4

Razina težine: prosječna

Sastojci:

- 2 šalice vode
- 1 šalica bulgur pšenice #3 ili kvinoje, isprane
- 1½ žličice soli, podijeljene
- 1-pinta (2 šalice) cherry rajčica, prerezanih na pola
- 1 velika paprika, nasjeckana
- 1 veliki krastavac, nasjeckan
- 1 šalica Kalamata maslina
- ½ šalice svježe iscijeđenog soka od limuna
- 1 šalica ekstra djevičanskog maslinovog ulja
- ½ žličice svježe mljevenog crnog papra

Upute:

Zakuhajte vodu u srednjem loncu na srednjoj vatri. Dodajte bulgur (ili kvinoju) i 1 žličicu soli. Poklopite i kuhajte 15 do 20 minuta.

Da rasporedite povrće u svoje 4 zdjele, svaku zdjelu vizualno podijelite na 5 dijelova. Stavite kuhani bulgur u jedan dio. Slijedite rajčice, papriku, krastavce i masline.

Pomiješajte limunov sok, maslinovo ulje, preostalih ½ žličice soli i crni papar.

Ravnomjerno žlicom rasporedite preljev po 4 zdjelice. Poslužite odmah ili poklopite i ostavite u hladnjaku za kasnije.

Nutritivna vrijednost (za 100g): 772 kalorije 9 g masti 6 g proteina 41 g ugljikohidrata 944 mg natrija

Povrće na žaru i omotač od humusa

Vrijeme pripreme: 15 minuta
Vrijeme za kuhanje: 10 minuta
Porcije: 6
Razina težine: prosječna

Sastojci:

- 1 veći patlidžan
- 1 veliki luk
- ½ šalice ekstra djevičanskog maslinovog ulja
- 1 žličica soli
- 6 obloga od lavaša ili velikog pita kruha
- 1 šalica kremastog tradicionalnog humusa

Upute:

Zagrijte roštilj, veliku tavu ili lagano nauljenu veliku tavu na srednje jakoj vatri. Patlidžan i luk narežite na kolutiće. Povrće premažite maslinovim uljem i pospite solju.

Pecite povrće s obje strane, oko 3 do 4 minute sa svake strane. Za izradu obloga položite lavaš ili pita ravno. Položite oko 2 žlice humusa na omot.

Povrće ravnomjerno rasporedite po zamotuljcima, slažući ga duž jedne strane zamota. Nježno preklopite stranu omota s povrćem, uvucite ga i napravite čvrsti omot.

Položite omot sa šavom prema dolje i prerežite na pola ili trećine.

Također možete zamotati svaki sendvič plastičnom folijom kako bi zadržao oblik i kasnije ga pojeli.

Nutritivna vrijednost (za 100g): 362 kalorije 10 g masti 28 g ugljikohidrata 15 g proteina 736 mg natrija

španjolski zeleni grah

Vrijeme pripreme: 10 minuta
Vrijeme za kuhanje: 20 minuta
Porcije: 4
Razina težine: lako

Sastojci:

- ¼ šalice ekstra djevičanskog maslinovog ulja
- 1 veliki luk, nasjeckan
- 4 češnja češnjaka, sitno nasjeckana
- Zeleni grah od 1 funte, svjež ili smrznut, orezan
- 1½ žličice soli, podijeljene
- 1 (15 unci) limenka rajčice narezane na kockice
- ½ žličice svježe mljevenog crnog papra

Upute:

Zagrijte maslinovo ulje, luk i češnjak; kuhajte 1 minutu. Zelene mahune narežite na komade od 2 inča. Dodajte zelene mahune i 1 žličicu soli u lonac i sve promiješajte; kuhati 3 minute. U lonac dodajte rajčice narezane na kockice, preostalih ½ žličice soli i crni papar; nastavite kuhati još 12 minuta uz povremeno miješanje. Poslužite toplo.

Nutritivna vrijednost (za 100g): 200 kalorija 12 g masti 18 g ugljikohidrata 4 g proteina 639 mg natrija

Rustikalni haš od cvjetače i mrkve

Vrijeme pripreme: 10 minuta
Vrijeme za kuhanje: 10 minuta
Porcije: 4
Razina težine: lako

Sastojci:

- 3 žlice ekstra djevičanskog maslinovog ulja
- 1 veliki luk, nasjeckan
- 1 žlica češnjaka, mljevenog
- 2 šalice mrkve, narezane na kockice
- 4 šalice opranih komada cvjetače
- 1 žličica soli
- ½ žličice mljevenog kima

Upute:

Kuhajte maslinovo ulje, luk, češnjak i mrkvu 3 minute. Narežite cvjetaču na komade veličine 1 inča ili komade veličine zalogaja. Dodajte cvjetaču, sol i kumin u tavu i promiješajte da se sjedini s mrkvom i lukom.

Poklopite i kuhajte 3 minute. Ubacite povrće i nastavite kuhati još 3 do 4 minute. Poslužite toplo.

Nutritivna vrijednost (za 100g): 159 kalorija 17 g masti 15 g ugljikohidrata 3 g proteina 569 mg natrija

Pečena cvjetača i rajčice

Vrijeme pripreme: 5 minuta
Vrijeme za kuhanje: 25 minuta
Porcije: 4
Razina težine: prosječna

Sastojci:

- 4 šalice cvjetače, izrezane na komade od 1 inča
- 6 žlica ekstra djevičanskog maslinovog ulja, podijeljeno
- 1 žličica soli, podijeljena
- 4 šalice cherry rajčica
- ½ žličice svježe mljevenog crnog papra
- ½ šalice ribanog parmezana

Upute:

Zagrijte pećnicu na 425°F. Dodajte cvjetaču, 3 žlice maslinovog ulja i ½ žličice soli u veliku zdjelu i promiješajte da se ravnomjerno prekrije. Slagati na lim za pečenje u ravnomjernom sloju.

U drugu veliku zdjelu dodajte rajčice, preostale 3 žlice maslinovog ulja i ½ žličice soli i promiješajte da se ravnomjerno prekrije. Izlijte na drugi lim za pečenje. List cvjetače i list rajčice stavite u pećnicu da se peku 17 do 20 minuta dok cvjetača lagano ne porumeni, a rajčice ne budu punaste.

Koristeći lopaticu, žlicom stavite cvjetaču u posudu za posluživanje, a na vrh stavite rajčice, crni papar i parmezan. Poslužite toplo.

Nutritivna vrijednost (za 100g): 294 kalorije 14 g masti 13 g ugljikohidrata 9 g proteina 493 mg natrija

Pečena tikva od žira

Vrijeme pripreme: 10 minuta
Vrijeme za kuhanje: 35 minuta
Porcije: 6
Razina težine: prosječna

Sastojci:

- 2 tikve od žira, srednje do velike
- 2 žlice ekstra djevičanskog maslinovog ulja
- 1 žličica soli, plus još za začin
- 5 žlica neslanog maslaca
- ¼ šalice nasjeckanih listova kadulje
- 2 žlice svježeg lišća timijana
- ½ žličice svježe mljevenog crnog papra

Upute:

Zagrijte pećnicu na 400°F. Prerežite tikvu od žira na pola po dužini. Ostružite sjemenke i vodoravno ga narežite na kriške debljine ¾ inča. U velikoj zdjeli pokapajte tikvicu maslinovim uljem, pospite solju i promiješajte da se obloži.

Položite tikvicu od žira na lim za pečenje. Stavite u lim za pečenje u pećnicu i pecite tikvice 20 minuta. Preokrenite tikvice lopaticom i pecite još 15 minuta.

Omekšajte maslac u srednje velikoj tavi na srednjoj vatri. Otopljenom maslacu dodajte kadulju i majčinu dušicu i pustite da kuhaju 30 sekundi. Kuhane ploške tikve prebacite na tanjur. Žlicom nanesite mješavinu maslaca/začinskog bilja preko tikve. Začinite solju i crnim paprom. Poslužite toplo.

Nutritivna vrijednost (za 100g): 188 kalorija 13 g masti 16 g ugljikohidrata 1 g proteina 836 mg natrija

Pirjani češnjak špinat

Vrijeme pripreme: 5 minuta

Vrijeme za kuhanje: 10 minuta

Porcije: 4

Razina težine: lako

Sastojci:

- ¼ šalice ekstra djevičanskog maslinovog ulja
- 1 veliki luk, narezan na tanke ploške
- 3 češnja češnjaka, nasjeckana
- 6 (1 funta) vrećica mladog špinata, opranog
- ½ žličice soli
- 1 limun, izrezan na kriške

Upute:

Kuhajte maslinovo ulje, luk i češnjak u velikoj tavi 2 minute na srednjoj vatri. Dodajte jednu vrećicu špinata i ½ žličice soli. Pokrijte tavu i pustite da špinat uvene 30 sekundi. Ponovite (izostavljajući sol), dodajući 1 po 1 vrećicu špinata.

Kad ste dodali sav špinat, uklonite poklopac i kuhajte 3 minute, puštajući da dio vlage ispari. Poslužite toplo s limunovom koricom po vrhu.

Nutritivna vrijednost (za 100g): 301 kalorija 12 g masti 29 g ugljikohidrata 17 g proteina 639 mg natrija

Tikvice pirjane na češnjaku i menti

Vrijeme pripreme: 5 minuta
Vrijeme za kuhanje: 10 minuta
Porcije: 4
Razina težine: lako

Sastojci:

- 3 velike zelene tikvice
- 3 žlice ekstra djevičanskog maslinovog ulja
- 1 veliki luk, nasjeckan
- 3 češnja češnjaka, nasjeckana
- 1 žličica soli
- 1 žličica sušene metvice

Upute:

Narežite tikvice na kockice od ½ inča. Kuhajte maslinovo ulje, luk i češnjak 3 minute uz stalno miješanje.

Dodajte tikvice i sol u tavu i promiješajte da se sjedine s lukom i češnjakom, kuhajući 5 minuta. Dodajte metvicu u tavu, miješajući da se sjedini. Kuhajte još 2 minute. Poslužite toplo.

Nutritivna vrijednost (za 100g): 147 kalorija 16 g masti 12 g ugljikohidrata 4 g proteina 723 mg natrija

Pirjana bamija

Vrijeme pripreme: 55 minuta

Vrijeme za kuhanje: 25 minuta

Porcije: 4

Razina težine: lako

Sastojci:

- ¼ šalice ekstra djevičanskog maslinovog ulja
- 1 veliki luk, nasjeckan
- 4 češnja češnjaka, sitno nasjeckana
- 1 žličica soli
- 1 funta svježe ili smrznute bamije, očišćene
- 1 (15 unci) limenka običnog umaka od rajčice
- 2 šalice vode
- ½ šalice svježeg cilantra, sitno nasjeckanog
- ½ žličice svježe mljevenog crnog papra

Upute:

Pomiješajte i kuhajte maslinovo ulje, luk, češnjak i sol 1 minutu. Umiješajte bamiju i kuhajte 3 minute.

Dodajte umak od rajčice, vodu, cilantro i crni papar; promiješajte, poklopite i pustite da kuha 15 minuta uz povremeno miješanje. Poslužite toplo.

Nutritivna vrijednost (za 100g): 201 kalorija 6 g masti 18 g ugljikohidrata 4 g proteina 693 mg natrija

Slatke paprike punjene povrćem

Vrijeme pripreme: 20 minuta

Vrijeme za kuhanje: 30 minuta

Porcije: 6

Razina težine: prosječna

Sastojci:

- 6 velikih paprika babura, raznih boja
- 3 žlice ekstra djevičanskog maslinovog ulja
- 1 veliki luk, nasjeckan
- 3 češnja češnjaka, nasjeckana
- 1 mrkva, nasjeckana
- 1 (16 unci) konzerva garbanzo graha, isprana i ocijeđena
- 3 šalice kuhane riže
- 1½ žličice soli
- ½ žličice svježe mljevenog crnog papra

Upute:

Zagrijte pećnicu na 350°F. Pazite da odaberete paprike koje mogu stajati uspravno. Paprici odrežite kapicu i uklonite sjemenke, a kapicu ostavite za kasnije. Paprike stavite u posudu za pečenje.

Zagrijte maslinovo ulje, luk, češnjak i mrkvu 3 minute. Umiješajte garbanzo grah. Kuhajte još 3 minute. Izvadite iz posude s vatre i žlicom stavite kuhane sastojke u veliku zdjelu. Dodajte rižu, sol i papar; baciti za kombiniranje.

Svaku papriku napunite do vrha pa vratite kapice paprike. Posudu za pečenje obložiti aluminijskom folijom i peći 25 minuta. Izvucite foliju i pecite još 5 minuta. Poslužite toplo.

Nutritivna vrijednost (za 100g): 301 kalorija 15 g masti 50 g ugljikohidrata 8 g proteina 803 mg natrija

Musaka patlidžan

Vrijeme pripreme: 55 minuta
Vrijeme za kuhanje: 40 minuta
Porcije: 6
Razina težine: Teško

Sastojci:

- 2 veća patlidžana
- 2 žličice soli, podijeljene
- Maslinovo ulje u spreju
- ¼ šalice ekstra djevičanskog maslinovog ulja
- 2 velika luka, narezana na ploške
- 10 češnjeva češnjaka narezanih na ploške
- 2 (15 unci) konzerve rajčice narezane na kockice
- 1 (16 unci) konzerva garbanzo graha, isprana i ocijeđena
- 1 žličica sušenog origana
- ½ žličice svježe mljevenog crnog papra

Upute:

Narežite patlidžan vodoravno na okrugle kolutove debljine ¼ inča. Ploške patlidžana pospite 1 žličicom soli i stavite u cjedilo na 30 minuta.

Zagrijte pećnicu na 450°F. Ploške patlidžana osušite papirnatim ručnikom i svaku stranu poprskajte sprejom od maslinovog ulja ili lagano premažite svaku stranu maslinovim uljem.

Sastavite patlidžan u jednom sloju na lim za pečenje. Stavite u pećnicu i pecite 10 minuta. Zatim lopaticom preokrenite kriške i pecite još 10 minuta.

Pirjajte maslinovo ulje, luk, češnjak i preostalu 1 žličicu soli. Kuhajte 5 minuta povremeno miješajući. Dodajte rajčice, garbanzo grah, origano i crni papar. Kuhajte 12 minuta uz neredovito miješanje.

Koristeći duboku vatrostalnu posudu, počnite slagati slojeve, počevši od patlidžana, zatim umaka. Ponavljajte dok ne potrošite sve sastojke. Pecite u pećnici 20 minuta. Izvadite iz pećnice i poslužite toplo.

Nutritivna vrijednost (za 100g): 262 kalorije 11 g masti 35 g ugljikohidrata 8 g proteina 723 mg natrija

Listovi grožđa punjeni povrćem

Vrijeme pripreme: 50 minuta
Vrijeme za kuhanje: 45 minuta
Porcije: 8
Razina težine: prosječna

Sastojci:

- 2 šalice bijele riže, isprane
- 2 velike rajčice, sitno narezane
- 1 velika glavica luka sitno nasjeckana
- 1 mladi luk, sitno nasjeckan
- 1 šalica svježeg talijanskog peršina, sitno nasjeckanog
- 3 češnja češnjaka, nasjeckana
- 2½ žličice soli
- ½ žličice svježe mljevenog crnog papra
- 1 (16 unci) staklenka lišća grožđa
- 1 šalica limunovog soka
- ½ šalice ekstra djevičanskog maslinovog ulja
- 4 do 6 šalica vode

Upute:

Pomiješajte rižu, rajčice, luk, zeleni luk, peršin, češnjak, sol i crni papar. Ocijedite i isperite listove grožđa. Pripremite veliki lonac tako da na dno stavite sloj lišća vinove loze. Položite svaki list ravno i odrežite sve stabljike.

Na podnožje svakog lista stavite 2 žlice rižine smjese. Preklopite preko strana, pa zarolajte što je moguće čvršće. Smotane listove grožđa stavite u lonac, poredajte svaki smotani list vinove loze. Nastavite redati smotane listove grožđa.

Lagano prelijte sok od limuna i maslinovo ulje preko listova grožđa i dodajte dovoljno vode samo da prekrije listove grožđa za 1 inč. Položite teški tanjur koji je manji od otvora lonca naopako preko lišća vinove loze. Poklopite lonac i kuhajte lišće na srednje niskoj vatri 45 minuta. Pustite da odstoji 20 minuta prije posluživanja. Poslužite toplo ili hladno.

Nutritivna vrijednost (za 100g): 532 kalorije 15 g masti 80 g ugljikohidrata 12 g proteina 904 mg natrija

Rolice od patlidžana na žaru

Vrijeme pripreme: 30 minuta
Vrijeme za kuhanje: 10 minuta
Porcije: 6
Razina težine: prosječna

Sastojci:

- 2 veća patlidžana
- 1 žličica soli
- 4 unce kozjeg sira
- 1 šalica ricotte
- ¼ šalice svježeg bosiljka, sitno nasjeckanog
- ½ žličice svježe mljevenog crnog papra
- Maslinovo ulje u spreju

Upute:

Odrežite vrhove patlidžana i narežite patlidžane po dužini na ploške debljine ¼ inča. Pospite kriške solju i stavite patlidžan u cjedilo na 15 do 20 minuta.

Izbijte kozji sir, ricottu, bosiljak i papar. Zagrijte roštilj, grill tavu ili lagano nauljenu tavu na srednje jakoj vatri. Osušite kriške patlidžana i lagano poprskajte maslinovim uljem. Patlidžan stavite na roštilj, gril tavu ili tavu i pecite 3 minute sa svake strane.

Skinite patlidžan s vatre i ostavite da se ohladi 5 minuta. Za roladu položite jednu krišku patlidžana ravno, stavite žlicu smjese sira na podnožje kriške i zarolajte. Poslužite odmah ili ohladite do posluživanja.

Nutritivna vrijednost (za 100g): 255 kalorija 7 g masti 19 g ugljikohidrata 15 g proteina 793 mg natrija

Hrskave popečke od tikvica

Vrijeme pripreme: 15 minuta

Vrijeme za kuhanje: 20 minuta

Porcije: 6

Razina težine: lako

Sastojci:

- 2 velike zelene tikvice
- 2 žlice talijanskog peršina, sitno nasjeckanog
- 3 češnja češnjaka, nasjeckana
- 1 žličica soli
- 1 šalica brašna
- 1 veliko jaje, istučeno
- ½ šalice vode
- 1 žličica praška za pecivo
- 3 šalice biljnog ili avokadovog ulja

Upute:

Naribajte tikvice u veliku zdjelu. Dodajte peršin, češnjak, sol, brašno, jaje, vodu i prašak za pecivo u zdjelu i promiješajte da se sjedini. U velikom loncu ili fritezi na srednje jakoj vatri zagrijte ulje na 365°F.

Tijesto za fritule žlicom ubacivati u vruće ulje. Popečke preokrenite šupljikavom žlicom i pržite dok ne porumene, oko 2 do 3 minute. Popečke ocijedite od ulja i stavite na tanjur obložen papirnatim ručnicima. Poslužite toplo uz Creamy Tzatziki ili Creamy Traditional Hummus kao umak.

Nutritivna vrijednost (za 100g): 446 kalorija 2 g masti 19 g ugljikohidrata 5 g proteina 812 mg natrija

Pite sa sirom od špinata

Vrijeme pripreme: 20 minuta
Vrijeme za kuhanje: 40 minuta
Porcije: 8
Razina težine: Teško

Sastojci:

- 2 žlice ekstra djevičanskog maslinovog ulja
- 1 veliki luk, nasjeckan
- 2 češnja češnjaka, mljevena
- 3 (1 funte) vrećice mladog špinata, opranog
- 1 šalica feta sira
- 1 veliko jaje, istučeno
- Listovi lisnatog tijesta

Upute:

Zagrijte pećnicu na 375°F. Zagrijte maslinovo ulje, luk i češnjak 3 minute. Dodajte špinat u tavu jednu po vrećicu, puštajući da uvene između svake vrećice. Bacite pomoću hvataljki. Kuhajte 4 minute. Nakon što je špinat kuhan, izvadite višak tekućine iz tave.

U velikoj zdjeli pomiješajte feta sir, jaje i kuhani špinat. Položite lisnato tijesto ravno na radnu površinu. Izrežite tijesto na kvadrate od 3 inča. Stavite žlicu smjese od špinata u sredinu kvadrata od lisnatog tijesta. Naborajte preko jednog kuta kvadrata do dijagonalnog kuta, tvoreći trokut. Zgužvajte rubove pite pritiskom vrhova vilice kako biste ih spojili. Ponavljajte dok se svi kvadrati ne popune.

Stavite pite na lim obložen papirom za pečenje i pecite 25 do 30 minuta ili dok ne porumene. Poslužite toplo ili na sobnoj temperaturi.

Nutritivna vrijednost (za 100g): 503 kalorije 6 g masti 38 g ugljikohidrata 16 g proteina 836 mg natrija

Zalogaji sendviča s krastavcima

Vrijeme pripreme: 5 minuta
Vrijeme za kuhanje: 0 minuta
Porcije: 12
Razina težine: lako

Sastojci:

- 1 krastavac, narezan na ploške
- 8 kriški kruha od cjelovitog zrna pšenice
- 2 žlice krem sira, mekog
- 1 žlica nasjeckanog vlasca
- ¼ šalice avokada, oguljenog, bez koštica i zgnječenog
- 1 žličica senfa
- Sol i crni papar po ukusu

Upute:

Na svaku krišku kruha rasporedite pasirani avokado, također rasporedite i ostale sastojke osim kriški krastavca.

Ploške krastavca rasporedite po pločkama kruha, svaku pločku prerežite na trećine, posložite na pladanj i poslužite kao predjelo.

Nutritivna vrijednost (za 100g): 187 kalorija 12,4 g masti 4,5 g ugljikohidrata 8,2 g bjelančevina 736 mg natrija

Umak od jogurta

Vrijeme pripreme: 10 minuta
Vrijeme za kuhanje: 0 minuta
Porcije: 6
Razina težine: lako

Sastojci:

- 2 šalice grčkog jogurta
- 2 žlice pistacija, prepečenih i nasjeckanih
- Prstohvat soli i bijelog papra
- 2 žlice nasjeckane metvice
- 1 žlica kalamata maslina, očišćenih od koštica i nasjeckanih
- ¼ šalice zaatara začina
- ¼ šalice sjemenki nara
- 1/3 šalice maslinovog ulja

Upute:

Jogurt pomiješajte s pistacijama i ostalim sastojcima, dobro umutite, podijelite u male čašice i poslužite s pita čipsom sa strane.

Nutritivna vrijednost (za 100g): 294 kalorije 18 g masti 2 g ugljikohidrata 10 g proteina 593 mg natrija

Bruschetta od rajčice

Vrijeme pripreme: 10 minuta

Vrijeme za kuhanje: 10 minuta

Porcije: 6

Razina težine: lako

Sastojci:

- 1 baguette, narezan
- 1/3 šalice nasjeckanog bosiljka
- 6 rajčica, narezanih na kockice
- 2 režnja češnjaka, mljevena
- Prstohvat soli i crnog papra
- 1 žličica maslinovog ulja
- 1 žlica balzamičnog octa
- ½ žličice češnjaka u prahu
- Sprej za kuhanje

Upute:

Složite kriške baguettea na lim za pečenje obložen papirom za pečenje, premažite ga sprejom za pečenje. Pecite 10 minuta na 400 stupnjeva.

Pomiješajte rajčice s bosiljkom i preostalim sastojcima, dobro promiješajte i ostavite sa strane 10 minuta. Podijelite mješavinu rajčice na svaku krišku bageta, sve rasporedite na pladanj i poslužite.

Nutritivna vrijednost (za 100g): 162 kalorije 4 g masti 29 g ugljikohidrata 4 g bjelančevina 736 mg natrija

Rajčice punjene maslinama i sirom

Vrijeme pripreme: 10 minuta

Vrijeme za kuhanje: 0 minuta

Porcije: 24

Razina težine: lako

Sastojci:

- 24 cherry rajčice, odrezan vrh i izdubljena unutrašnjost
- 2 žlice maslinovog ulja
- ¼ žličice pahuljica crvene paprike
- ½ šalice feta sira, izmrvljenog
- 2 žlice paste od crnih maslina
- ¼ šalice natrgane mente

Upute:

U zdjeli pomiješajte pastu od maslina s ostalim sastojcima osim cherry rajčica i dobro umutite. Ovom mješavinom napunite cherry rajčice, sve rasporedite na pladanj i poslužite kao predjelo.

Nutritivna vrijednost (za 100g): 136 kalorija 8,6 g masti 5,6 g ugljikohidrata 5,1 g bjelančevina 648 mg natrija

Tapenada od papra

Vrijeme pripreme: 10 minuta

Vrijeme za kuhanje: 0 minuta

Porcije: 4

Razina težine: lako

Sastojci:

- 7 unci pečene crvene paprike, nasjeckane
- ½ šalice parmezana, naribanog
- 1/3 šalice nasjeckanog peršina
- 14 unci konzerviranih artičoka, ocijeđenih i nasjeckanih
- 3 žlice maslinovog ulja
- ¼ šalice kapara, ocijeđenih
- 1 i ½ žlice soka od limuna
- 2 režnja češnjaka, mljevena

Upute:

U blenderu pomiješajte crvenu papriku s parmezanom i ostalim sastojcima i dobro promiješajte. Podijelite u šalice i poslužite kao međuobrok.

Nutritivna vrijednost (za 100g): 200 kalorija 5,6 g masti 12,4 g ugljikohidrata 4,6 g bjelančevina 736 mg natrija

Falafel od korijandera

Vrijeme pripreme: 10 minuta
Vrijeme za kuhanje: 10 minuta
Porcije: 8
Razina težine: lako

Sastojci:

- 1 šalica konzerviranog garbanzo graha
- 1 vezica peršinova lista
- 1 žuti luk nasjeckan
- 5 češnjaka, mljevenog
- 1 žličica korijandera, mljevenog
- Prstohvat soli i crnog papra
- ¼ žličice kajenskog papra
- ¼ žličice sode bikarbone
- ¼ žličice kumina u prahu
- 1 žličica soka od limuna
- 3 žlice tapioka brašna
- Maslinovo ulje za prženje

Upute:

U multipraktiku pomiješajte grah s peršinom, lukom i ostalim sastojcima osim ulja i brašna i dobro promiješajte. Smjesu prebaciti u zdjelu, dodati brašno, dobro promiješati, od ove smjese oblikovati 16 loptica i malo ih spljoštiti.

Zagrijte tavu na srednje jakoj vatri, dodajte falafele, pecite ih 5 minuta s obje strane, stavite na papirnate ubruse, ocijedite od viška masnoće, složite ih na pladanj i poslužite kao predjelo.

Nutritivna vrijednost (za 100g): 122 kalorije 6,2 g masti 12,3 g ugljikohidrata 3,1 g bjelančevina 699 mg natrija

Humus od crvene paprike

Vrijeme pripreme: 10 minuta

Vrijeme za kuhanje: 0 minuta

Porcije: 6

Razina težine: lako

Sastojci:

- 6 unci pečene crvene paprike, oguljene i nasjeckane
- 16 unci konzerviranog slanutka, ocijeđenog i ispranog
- ¼ šalice grčkog jogurta
- 3 žlice tahini paste
- Sok od 1 limuna
- 3 češnja češnjaka, mljevena
- 1 žlica maslinovog ulja
- Prstohvat soli i crnog papra
- 1 žlica nasjeckanog peršina

Upute:

U procesoru hrane pomiješajte crvenu papriku s ostalim sastojcima osim ulja i peršina i dobro promiješajte. Dodajte ulje, ponovno pulsirajte, podijelite u šalice, po vrhu pospite peršinom i poslužite kao namaz za zabavu.

Nutritivna vrijednost (za 100g): 255 kalorija 11,4 g masti 17,4 g ugljikohidrata 6,5 g bjelančevina 593 mg natrija

Umak od bijelog graha

Vrijeme pripreme: 10 minuta

Vrijeme za kuhanje: 0 minuta

Porcije: 4

Razina težine: lako

Sastojci:

- 15 unci konzerviranog bijelog graha, ocijeđenog i ispranog
- 6 unci srca artičoka u konzervi, ocijeđena i narezana na četvrtine
- 4 češnja češnjaka, mljevena
- 1 žlica nasjeckanog bosiljka
- 2 žlice maslinovog ulja
- Sok od ½ limuna
- Korica ½ limuna, naribana
- Sol i crni papar po ukusu

Upute:

U procesoru hrane dobro pomiješajte grah s artičokama i ostalim sastojcima osim ulja i mahunarki. Postupno dodajte ulje, ponovno promiješajte, podijelite u šalice i poslužite kao umak za zabavu.

Nutritivna vrijednost (za 100g): 27 kalorija 11,7 g masti 18,5 g ugljikohidrata 16,5 g bjelančevina 668 mg natrija

Humus s mljevenom janjetinom

Vrijeme pripreme: 10 minuta

Vrijeme za kuhanje: 15 minuta

Porcije: 8

Razina težine: lako

Sastojci:

- 10 unci humusa
- 12 unci janjećeg mesa, mljevenog
- ½ šalice sjemenki nara
- ¼ šalice nasjeckanog peršina
- 1 žlica maslinovog ulja
- Pita čips za posluživanje

Upute:

Prethodno zagrijte tavu na srednje jakoj vatri, pecite meso i pecite ga 15 minuta često miješajući. Humus rasporedite po pladnju, po njemu rasporedite mljevenu janjetinu, također rasporedite sjemenke nara i peršin te poslužite s pita čipsom kao međuobrok.

Nutritivna vrijednost (za 100g): 133 kalorije 9,7 g masti 6,4 g ugljikohidrata 5,4 g bjelančevina 659 mg natrija

Umak od patlidžana

Vrijeme pripreme: 10 minuta

Vrijeme za kuhanje: 40 minuta

Porcije: 4

Razina težine: lako

Sastojci:

- 1 patlidžan, izbockan vilicom
- 2 žlice tahini paste
- 2 žlice soka od limuna
- 2 režnja češnjaka, mljevena
- 1 žlica maslinovog ulja
- Sol i crni papar po ukusu
- 1 žlica nasjeckanog peršina

Upute:

Stavite patlidžan u posudu za pečenje, pecite na 400 stupnjeva F 40 minuta, ohladite, ogulite i prebacite u multipraktik. Pomiješajte ostale sastojke osim peršina, dobro izmiješajte, podijelite u male zdjelice i poslužite kao predjelo s peršinom posutim po vrhu.

Nutritivna vrijednost (za 100g): 121 kalorija 4,3 g masti 1,4 g ugljikohidrata 4,3 g bjelančevina 639 mg natrija

Popečci s povrćem

Vrijeme pripreme: 10 minuta
Vrijeme za kuhanje: 10 minuta
Porcije: 8
Razina težine: lako

Sastojci:

- 2 režnja češnjaka, mljevena
- 2 glavice žutog luka nasjeckane
- 4 mladog luka, nasjeckanog
- 2 mrkve, naribane
- 2 žličice kima, mljevenog
- ½ žličice kurkume u prahu
- Sol i crni papar po ukusu
- ¼ žličice korijandera, mljevenog
- 2 žlice nasjeckanog peršina
- ¼ žličice soka od limuna
- ½ šalice bademovog brašna
- 2 cikle oguljene i naribane
- 2 jaja, umućena
- ¼ šalice tapioka brašna
- 3 žlice maslinovog ulja

Upute:

U zdjeli pomiješajte češnjak s lukom, mladim lukom i ostalim sastojcima osim ulja, dobro promiješajte i od te smjese oblikujte srednje velike popečke.

Zagrijte tavu na srednje jakoj vatri, stavite popečke, pecite 5 minuta sa svake strane, složite na pladanj i poslužite.

Nutritivna vrijednost (za 100g): 209 kalorija 11,2 g masti 4,4 g ugljikohidrata 4,8 g bjelančevina 726 mg natrija

Bulgur Jagnjeće ćufte

Vrijeme pripreme: 10 minuta
Vrijeme za kuhanje: 15 minuta
Porcije: 6
Razina težine: lako

Sastojci:

- 1 i ½ šalice grčkog jogurta
- ½ žličice kumina, mljevenog
- 1 šalica krastavca, nasjeckanog
- ½ žličice češnjaka, mljevenog
- Prstohvat soli i crnog papra
- 1 šalica bulgura
- 2 šalice vode
- Janjetina od 1 funte, mljevena
- ¼ šalice nasjeckanog peršina
- ¼ šalice ljutike, nasjeckane
- ½ žličice pimenta, mljevenog
- ½ žličice cimeta u prahu
- 1 žlica maslinovog ulja

Upute:

Bulgur pomiješajte s vodom, poklopite zdjelu, ostavite sa strane 10 minuta, ocijedite i prebacite u zdjelu. Dodajte meso, jogurt i ostale sastojke osim ulja, dobro promiješajte i od ove smjese oblikujte polpete srednje veličine. Zagrijte tavu na srednje jakoj vatri, stavite mesne okruglice, pecite ih 7 minuta sa svake strane, sve rasporedite na pladanj i poslužite kao predjelo.

Nutritivna vrijednost (za 100g): 300 kalorija 9,6 g masti 22,6 g ugljikohidrata 6,6 g bjelančevina 644 mg natrija

Ugrizi krastavaca

Vrijeme pripreme: 10 minuta
Vrijeme za kuhanje: 0 minuta
Porcije: 12
Razina težine: lako

Sastojci:

- 1 engleski krastavac, narezan na 32 kruga
- 10 unci humusa
- 16 cherry rajčica, prepolovljenih
- 1 žlica nasjeckanog peršina
- 1 unca feta sira, izmrvljenog

Upute:

Svaki krug krastavca namažite humusom, na svaki podijelite polovice rajčice, pospite sirom i peršinom i poslužite kao predjelo.

Nutritivna vrijednost (za 100g): 162 kalorije 3,4 g masti 6,4 g ugljikohidrata 2,4 g bjelančevina 702 mg natrija

Punjeni avokado

Vrijeme pripreme: 10 minuta

Vrijeme za kuhanje: 0 minuta

Porcije: 2

Razina težine: lako

Sastojci:

- 1 avokado, prepolovljen i bez koštice
- 10 unci konzervirane tune, ocijeđene
- 2 žlice sušene rajčice, nasjeckane
- 1 i ½ žlica pesta od bosiljka
- 2 žlice crnih maslina očišćenih od koštica i nasjeckanih
- Sol i crni papar po ukusu
- 2 žličice pinjola, tostiranih i nasjeckanih
- 1 žlica nasjeckanog bosiljka

Upute:

Pomiješajte tunjevinu sa sušenim rajčicama i ostalim sastojcima osim avokada te promiješajte. Polovice avokada nadjenite mješavinom tune i poslužite kao predjelo.

Nutritivna vrijednost (za 100g): 233 kalorije 9 g masti 11,4 g ugljikohidrata 5,6 g proteina 735 mg natrija

Umotane šljive

Vrijeme pripreme: 5 minuta
Vrijeme za kuhanje: 0 minuta
Porcije: 8
Razina težine: lako

Sastojci:

- 2 unce pršuta, izrezanog na 16 komada
- 4 šljive narezane na četvrtine
- 1 žlica nasjeckanog vlasca
- Prstohvat mljevene crvene paprike

Upute:

Svaku četvrtinu šljive zamotajte u krišku pršuta, sve složite na pladanj, pospite vlascem i paprom i poslužite.

Nutritivna vrijednost (za 100g): 30 kalorija 1 g masti 4 g ugljikohidrata 2 g proteina 439 mg natrija

Marinirana feta i artičoke

Vrijeme pripreme: 10 minuta, plus 4 sata neaktivnog vremena
Vrijeme za kuhanje: 10 minuta
Porcije: 2
Razina težine: lako

Sastojci:

- 4 unce tradicionalne grčke fete, izrezane na kockice od ½ inča
- 4 unce ocijeđenih srca artičoka, narezanih na četvrtine po dužini
- 1/3 šalice ekstra djevičanskog maslinovog ulja
- Korica i sok od 1 limuna
- 2 žlice grubo nasjeckanog svježeg ružmarina
- 2 žlice grubo nasjeckanog svježeg peršina
- ½ žličice crnog papra u zrnu

Upute:

U staklenoj zdjeli pomiješajte fetu i srce artičoke. Dodajte maslinovo ulje, limunovu koricu i sok, ružmarin, peršin i papar u zrnu i lagano promiješajte da se prekrije, pazeći da se feta ne raspadne.

Ohladite 4 sata, ili do 4 dana. Izvadite iz hladnjaka 30 minuta prije posluživanja.

Nutritivna vrijednost (za 100g): 235 kalorija 23 g masti 1 g ugljikohidrata 4 g bjelančevina 714 mg natrija

Kroketi od tune

Vrijeme pripreme: 40 minuta, plus sati do noći za hlađenje

Vrijeme za kuhanje: 25 minuta

Porcije: 36

Razina težine: Teško

Sastojci:

- 6 žlica ekstra djevičanskog maslinovog ulja, plus 1 do 2 šalice
- 5 žlica bademovog brašna, plus 1 šalica, podijeljeno
- 1¼ šalice gustog vrhnja
- 1 (4 unce) limenka žutoperajne tune pune maslinovog ulja
- 1 žlica nasjeckanog crvenog luka
- 2 žličice mljevenih kapara
- ½ žličice sušenog kopra
- ¼ žličice svježe mljevenog crnog papra
- 2 velika jaja
- 1 šalica panko krušnih mrvica (ili verzija bez glutena)

Upute:

U velikoj tavi zagrijte 6 žlica maslinovog ulja na srednje niskoj temperaturi. Dodajte 5 žlica bademovog brašna i kuhajte, neprestano miješajući, dok se ne formira glatka pasta i dok brašno malo ne porumeni, 2 do 3 minute.

Odaberite srednje jaku temperaturu i postupno umiješajte gustu pavlaku, stalno miješajući dok smjesa ne postane potpuno glatka i zgusnuta, još 4 do 5 minuta. Izvadite i dodajte tunu, crveni luk, kapare, kopar i papar.

Prebacite smjesu u četvrtastu posudu za pečenje od 8 inča koju ste dobro premazali maslinovim uljem i stavite na sobnu temperaturu. Zamotajte i ohladite 4 sata ili do preko noći. Za oblikovanje kroketa stavite tri zdjele. U jednu umutiti jaja. U drugu dodajte preostalo bademovo brašno. U treću dodati panko. Lim za pečenje obložite papirom za pečenje.

Zagrabite otprilike jednu žlicu hladno pripremljenog tijesta u mješavinu brašna i zarolajte za premazivanje. Otresti višak i rukama razvaljati u oval.

Kroket umočiti u razmućeno jaje, pa lagano premazati pankom. Stavite na obložen lim za pečenje i ponovite s preostalim tijestom.

U malom loncu zagrijte preostale 1 do 2 šalice maslinovog ulja na srednje jakoj vatri.

Nakon što se ulje zagrije, pržite krokete 3 ili 4 odjednom, ovisno o veličini tave, vadite ih šupljikavom žlicom kada porumene. Morat ćete povremeno prilagoditi temperaturu ulja kako biste spriječili gorenje. Ako kroketi vrlo brzo porumene, smanjite temperaturu.

Nutritivna vrijednost (za 100g): 245 kalorija 22 g masti 1 g ugljikohidrata 6 g proteina 801 mg natrija

Dimljeni losos Crudités

Vrijeme pripreme: 10 minuta

Vrijeme za kuhanje: 15 minuta

Porcije: 4

Razina težine: lako

Sastojci:

- 6 unci dimljenog divljeg lososa
- 2 žlice pečenog češnjaka Aioli
- 1 žlica Dijon senfa
- 1 žlica nasjeckanog mladog luka, samo zeleni dijelovi
- 2 žličice nasjeckanih kapara
- ½ žličice sušenog kopra
- 4 koplja endivije ili srca romana
- ½ engleskog krastavca, narezanog na kolutove debljine ¼ inča

Upute:

Grubo narežite dimljeni losos i prebacite ga u malu zdjelu. Dodajte aioli, Dijon, mladi luk, kapare i kopar i dobro promiješajte. Prelijte koplje endivije i kolutove krastavaca sa žlicom mješavine dimljenog lososa i uživajte ohlađeni.

Nutritivna vrijednost (za 100g): 92 kalorije 5 g masti 1 g ugljikohidrata 9 g proteina 714 mg natrija

Masline marinirane citrusima

Vrijeme pripreme: 4 sata
Vrijeme za kuhanje: 0 minuta
Porcije: 2
Razina težine: lako

Sastojci:

- 2 šalice miješanih zelenih maslina s košticom
- ¼ šalice crvenog vinskog octa
- ¼ šalice ekstra djevičanskog maslinovog ulja
- 4 češnja češnjaka, sitno nasjeckana
- Korica i sok 1 velike naranče
- 1 žličica pahuljica crvene paprike
- 2 lista lovora
- ½ žličice mljevenog kima
- ½ žličice mljevene pimente

Upute:

Umiješajte masline, ocat, ulje, češnjak, narančinu koricu i sok, ljuskice crvene paprike, lovor, kim i piment i dobro promiješajte. Zatvorite i ohladite 4 sata ili do tjedan dana kako bi se masline marinirale, ponovno promiješajte prije posluživanja.

Nutritivna vrijednost (za 100g): 133 kalorije 14 g masti 2 g ugljikohidrata 1 g proteina 714 mg natrija

Tapenada od maslina sa inćunima

Vrijeme pripreme: 1 sat i 10 minuta
Vrijeme za kuhanje: 0 minuta
Porcije: 2
Razina težine: prosječna

Sastojci:

- 2 šalice Kalamata maslina bez koštica ili drugih crnih maslina
- 2 fileta inćuna, nasjeckana
- 2 žličice nasjeckanih kapara
- 1 češanj češnjaka, sitno nasjeckan
- 1 kuhani žumanjak
- 1 žličica Dijon senfa
- ¼ šalice ekstra djevičanskog maslinovog ulja
- Slatki krekeri, raznoliki okrugli sendvič ili povrće, za posluživanje (po izboru)

Upute:

Masline operite u hladnoj vodi i dobro ocijedite. U multipraktik, blender ili veliku staklenku (ako koristite potopni blender) stavite ocijeđene masline, inćune, kapare, češnjak, žumanjak i Dijon. Procesirajte dok ne nastane gusta pasta. Dok trči, postupno ulijevajte maslinovo ulje.

Prebacite u malu zdjelu, pokrijte i ostavite u hladnjaku najmanje 1 sat da se okusi razviju. Poslužite uz Seedy krekere, na vrhu svestranog kruga sendviča ili uz omiljeno hrskavo povrće.

Nutritivna vrijednost (za 100g): 179 kalorija 19 g masti 2 g ugljikohidrata 2 g proteina 82 mg natrija

Grčka vražja jaja

Vrijeme pripreme: 45 minuta
Vrijeme za kuhanje: 15 minuta
Porcije: 4
Razina težine: lako

Sastojci:

- 4 velika tvrdo kuhana jaja
- 2 žlice pečenog češnjaka Aioli
- ½ šalice sitno izmrvljenog feta sira
- 8 sitno nasjeckanih maslina Kalamata bez koštica
- 2 žlice nasjeckanih sušenih rajčica
- 1 žlica mljevenog crvenog luka
- ½ žličice sušenog kopra
- ¼ žličice svježe mljevenog crnog papra

Upute:

Tvrdo kuhana jaja nasjeckajte na pola po dužini, izvadite žumanjke i stavite ih u srednju zdjelu. Polovice bjelanjaka rezervirati i ostaviti sa strane. Žumanjke dobro izgnječite vilicom. Dodajte aioli, fetu, masline, sušene rajčice, luk, kopar i papar i miješajte dok smjesa ne postane glatka i kremasta.

Žlicom dodajte nadjev u svaku polovicu bjelanjaka i poklopljeno ohladite 30 minuta ili do 24 sata.

Nutritivna vrijednost (za 100g): 147 kalorija 11 g masti 6 g ugljikohidrata 9 g proteina 736 mg natrija

Manchego krekeri

Vrijeme pripreme: 1 sat i 15 minuta

Vrijeme za kuhanje: 15 minuta

Porcije: 20

Razina težine: Teško

Sastojci:

- 4 žlice maslaca, sobne temperature
- 1 šalica sitno nasjeckanog Manchego sira
- 1 šalica bademovog brašna
- 1 žličica soli, podijeljena
- ¼ žličice svježe mljevenog crnog papra
- 1 veliko jaje

Upute:

Pomoću električne miješalice izmiksajte maslac i naribani sir dok se dobro ne sjedine i postanu glatki. Umiješajte bademovo brašno s ½ žličice soli i papra. Postupno stavite mješavinu bademovog brašna u sir, neprestano miješajući dok se tijesto ne sjedini u kuglu.

Postavite komad pergamenta ili plastične folije i razvaljajte ga u cjepanicu debljine oko 1½ inča. Čvrsto zatvorite i zatim zamrznite najmanje 1 sat. Zagrijte pećnicu na 350°F. U 2 lima za pečenje stavite papir za pečenje ili silikonske podloge za pečenje.

Za pranje jaja, izmiksajte jaje i preostalu ½ žličice soli. Ohlađeno tijesto narežite na male krugove, debljine oko ¼ inča, i stavite na obložene limove za pečenje.

Jajima operite vrhove krekera i pecite dok krekeri ne porumene i ne postanu hrskavi. Stavite na rešetku da se ohladi.

Poslužite toplo ili, kada se potpuno ohladi, čuvajte u hermetički zatvorenoj posudi u hladnjaku do 1 tjedna.

Nutritivna vrijednost (za 100g): 243 kalorije 23 g masti 1 g ugljikohidrata 8 g proteina 804 mg natrija

Burrata Caprese Stack

Vrijeme pripreme: 5 minuta
Vrijeme za kuhanje: 0 minuta
Porcije: 4
Razina težine: lako

Sastojci:

- 1 velika organska rajčica, po mogućnosti nasljeđe
- ½ žličice soli
- ¼ žličice svježe mljevenog crnog papra
- 1 (4 unce) kuglica burrata sira
- 8 listova svježeg bosiljka, tanko narezanih
- 2 žlice ekstra djevičanskog maslinovog ulja
- 1 žlica crnog vina ili balzamičnog octa

Upute:

Narežite rajčicu na 4 debele kriške, uklonite žilavu središnju jezgru i pospite solju i paprom. Stavite rajčice, začinjene strane prema gore, na tanjur. Na posebnom tanjuru s rubom narežite burratu na 4 debele kriške i stavite jednu krišku na svaku krišku rajčice. Svaku pospite jednom četvrtinom bosiljka i prelijte bilo kojom rezervisanom burrata kremom s tanjura s rubom.

Prelijte maslinovim uljem i octom i poslužite s vilicom i nožem.

Nutritivna vrijednost (za 100g): 153 kalorije 13 g masti 1 g ugljikohidrata 7 g bjelančevina 633 mg natrija

Popečci od tikvica i ricotte s aiolima od limuna i češnjaka

Vrijeme pripreme: 10 minuta, plus 20 minuta odmora
Vrijeme za kuhanje: 25 minuta
Porcije: 4
Razina težine: Teško

Sastojci:

- 1 velika ili 2 male/srednje tikvice
- 1 žličica soli, podijeljena
- ½ šalice ricotta sira od punomasnog mlijeka
- 2 mladog luka
- 1 veliko jaje
- 2 češnja češnjaka, sitno nasjeckana
- 2 žlice nasjeckane svježe mente (po želji)
- 2 žličice naribane korice limuna
- ¼ žličice svježe mljevenog crnog papra
- ½ šalice bademovog brašna
- 1 žličica praška za pecivo
- 8 žlica ekstra djevičanskog maslinovog ulja
- 8 žlica pečenog češnjaka Aioli ili majoneze s uljem avokada

Upute:

Narezane tikvice stavite u cjedilo ili na nekoliko slojeva papirnatih ručnika. Pospite s ½ žličice soli i ostavite 10 minuta. Pomoću drugog sloja papirnatog ručnika pritisnite tikvice kako biste oslobodili višak vlage i osušite. Umiješajte ocijeđene tikvice, ricottu, mladi luk, jaje, češnjak, mentu (ako koristite), koricu limuna, preostalih ½ žličice soli i papra.

Pomiješajte bademovo brašno i prašak za pecivo. Umiješajte smjesu brašna u smjesu od tikvica i ostavite da odstoji 10 minuta. U velikoj tavi, radeći u četiri dijela, pržite popečke. Za svaku seriju od četiri, zagrijte 2 žlice maslinovog ulja na srednje jakoj vatri. Dodajte 1 veliku žlicu tijesta od tikvica po popečci, pritiskajući stražnjom stranom žlice kako biste oblikovali popečke od 2 do 3 inča. Pokrijte i pustite da se prže 2 minute prije nego što ih okrenete. Pržite još 2 do 3 minute, pokriveno, ili dok ne postane hrskavo i zlatno i kuhano. Možda ćete morati smanjiti toplinu na srednju kako biste spriječili da zagori. Izvadite iz posude i držite na toplom.

Ponovite za preostala tri dijela, koristeći 2 žlice maslinovog ulja za svaki dio. Popečke poslužite tople uz aioli.

Nutritivna vrijednost (za 100g): 448 kalorija 42 g masti 2 g ugljikohidrata 8 g proteina 744 mg natrija

Krastavci punjeni lososom

Vrijeme pripreme: 10 minuta
Vrijeme za kuhanje: 0 minuta
Porcije: 4
Razina težine: lako

Sastojci:

- 2 velika krastavca, oguljena
- 1 (4 unce) limenka crvenog lososa
- 1 srednje vrlo zreo avokado
- 1 žlica ekstra djevičanskog maslinovog ulja
- Korica i sok 1 limete
- 3 žlice nasjeckanog svježeg cilantra
- ½ žličice soli
- ¼ žličice svježe mljevenog crnog papra

Upute:

Narežite krastavac na segmente debljine 1 inča i žlicom ostružite sjemenke iz sredine svakog segmenta i stavite ih na tanjur. U srednjoj zdjeli pomiješajte losos, avokado, maslinovo ulje, koricu i sok limete, cilantro, sol i papar i miješajte dok ne postane kremasto.

Zagrabite smjesu lososa u sredinu svakog segmenta krastavca i poslužite ohlađeno.

Nutritivna vrijednost (za 100g): 159 kalorija 11 g masti 3 g ugljikohidrata 9 g proteina 739 mg natrija

Pašteta od kozjeg sira i skuše

Vrijeme pripreme: 10 minuta
Vrijeme za kuhanje: 0 minuta
Porcije: 4
Razina težine: lako

Sastojci:

- Divlje ulovljene skuše punjene maslinovim uljem od 4 unce
- 2 unce kozjeg sira
- Korica i sok od 1 limuna
- 2 žlice nasjeckanog svježeg peršina
- 2 žlice nasjeckane svježe rikule
- 1 žlica ekstra djevičanskog maslinovog ulja
- 2 žličice nasjeckanih kapara
- 1 do 2 žličice svježeg hrena (po želji)
- Krekeri, kolutovi krastavaca, endivija ili celer, za posluživanje (po želji)

Upute:

U procesoru hrane, blenderu ili velikoj zdjeli s potopnim blenderom pomiješajte skušu, kozji sir, limunovu koricu i sok, peršin, rikulu, maslinovo ulje, kapare i hren (ako koristite). Procesirajte ili miksajte dok ne postane glatko i kremasto.

Poslužite s krekerima, kolutovima krastavaca, endivijom ili celerom. Zatvorite poklopljeno u hladnjaku do 1 tjedna.

Nutritivna vrijednost (za 100g): 118 kalorija 8 g masti 6 g ugljikohidrata 9 g proteina 639 mg natrija

Okus mediteranskih masnih bombi

Vrijeme pripreme: 4 sata i 15 minuta
Vrijeme za kuhanje: 0 minuta
Porcije: 6
Razina težine: prosječna

Sastojci:

- 1 šalica izmrvljenog kozjeg sira
- 4 žlice pesta u staklenkama
- 12 sitno nasjeckanih maslina Kalamata bez koštica
- ½ šalice sitno nasjeckanih oraha
- 1 žlica nasjeckanog svježeg ružmarina

Upute:

U srednjoj zdjeli izbijte kozji sir, pesto i masline i dobro promiješajte vilicom. Zamrznite 4 sata da očvrsne.

Rukama oblikujte smjesu u 6 kuglica promjera oko ¾ inča. Smjesa će biti ljepljiva.

U manju zdjelu stavite orahe i ružmarin i uvaljajte kuglice od kozjeg sira u mješavinu orašastih plodova za premazivanje. Masne bombe čuvajte u hladnjaku do 1 tjedan ili u zamrzivaču do 1 mjesec.

Nutritivna vrijednost (za 100g): 166 kalorija 15 g masti 1 g ugljikohidrata 5 g bjelančevina 736 mg natrija

Gazpacho od avokada

Vrijeme pripreme: 15 minuta
Vrijeme za kuhanje: 10 minuta
Porcije: 4
Razina težine: lako

Sastojci:

- 2 šalice nasjeckanih rajčica
- 2 velika zrela avokada, prepolovljena i bez koštice
- 1 veći krastavac, oguljen i bez sjemenki
- 1 srednja paprika (crvena, narančasta ili žuta), nasjeckana
- 1 šalica običnog grčkog jogurta od punomasnog mlijeka
- ¼ šalice ekstra djevičanskog maslinovog ulja
- ¼ šalice nasjeckanog svježeg cilantra
- ¼ šalice nasjeckanog mladog luka, samo zeleni dio
- 2 žlice crvenog vinskog octa
- Sok od 2 limete ili 1 limuna
- ½ do 1 žličice soli
- ¼ žličice svježe mljevenog crnog papra

Upute:

Pomoću uronjenog blendera pomiješajte rajčice, avokado, krastavac, papriku, jogurt, maslinovo ulje, cilantro, mladi luk, ocat i sok od limete. Miješajte dok ne postane glatko.

Začinite i izmiksajte da se okusi sjedine. Poslužite hladno.

Nutritivna vrijednost (za 100g): 392 kalorije 32 g masti 9 g ugljikohidrata 6 g proteina 694 mg natrija

Šalice od zelene salate od rakova

Vrijeme pripreme: 35 minuta

Vrijeme za kuhanje: 20 minuta

Porcije: 4

Razina težine: prosječna

Sastojci:

- Jumbo lump rak od 1 funte
- 1 veliko jaje
- 6 žlica pečenog češnjaka Aioli
- 2 žlice Dijon senfa
- ½ šalice bademovog brašna
- ¼ šalice mljevenog crvenog luka
- 2 žličice dimljene paprike
- 1 žličica soli celera
- 1 žličica češnjaka u prahu
- 1 žličica sušenog kopra (po želji)
- ½ žličice svježe mljevenog crnog papra
- ¼ šalice ekstra djevičanskog maslinovog ulja
- 4 velika lista salate Bibb, bez debele hrpta

Upute:

Stavite meso rakova u veliku zdjelu i izvadite sve vidljive ljuske, a zatim rastavite meso vilicom. U maloj zdjeli izmiksajte jaje, 2 žlice aiolija i dijon senf. Dodajte mesu rakova i izmiješajte vilicom. Dodajte bademovo brašno, crveni luk, papriku, celerovu sol, češnjak u prahu, kopar (ako koristite) i papar i dobro promiješajte. Ostavite da odstoji na sobnoj temperaturi 10 do 15 minuta.

Oblikujte 8 malih kolačića, promjera oko 2 inča. Kuhajte maslinovo ulje na srednje jakoj vatri. Pržite kolačiće dok ne porumene, 2 do 3 minute sa svake strane. Zamotajte, smanjite temperaturu na nisku i kuhajte još 6 do 8 minuta ili dok se ne stegne u sredini. Izvadite iz tave.

Za posluživanje zamotajte 2 mala kolačića od rakova u svaki list zelene salate i na vrh stavite 1 žlicu aiolija.

Nutritivna vrijednost (za 100g): 344 kalorije 24 g masti 2 g ugljikohidrata 24 g proteina 804 mg natrija

Pileća salata od naranče i estragona

Vrijeme pripreme: 15 minuta
Vrijeme za kuhanje: 0 minuta
Porcije: 4
Razina težine: lako

Sastojci:

- ½ šalice običnog grčkog jogurta od punomasnog mlijeka
- 2 žlice Dijon senfa
- 2 žlice ekstra djevičanskog maslinovog ulja
- 2 žlice svježeg estragona
- ½ žličice soli
- ¼ žličice svježe mljevenog crnog papra
- 2 šalice kuhane narezane piletine
- ½ šalice nasjeckanih badema
- 4 do 8 velikih listova salate Bibb, bez žilave stabljike
- 2 manja zrela avokada, oguljena i tanko narezana
- Korica 1 klementine ili ½ male naranče (oko 1 žlica)

Upute:

U srednjoj zdjeli pomiješajte jogurt, senf, maslinovo ulje, estragon, narančinu koricu, sol i papar i umutite dok ne postane kremasto. Dodajte narezanu piletinu i bademe i promiješajte da se prekrije.

Da biste sastavili zamotuljke, stavite otprilike ½ šalice mješavine pileće salate u sredinu svakog lista zelene salate i na vrh stavite narezani avokado.

Nutritivna vrijednost (za 100g): 440 kalorija 32 g l masti 8 g ugljikohidrata 26 g proteina 607 mg natrija

Gljive punjene fetom i kvinojom

Vrijeme pripreme: 5 minuta
Vrijeme za kuhanje: 8 minuta
Porcije: 6
Razina težine: prosječna

Sastojci:

- 2 žlice sitno narezane crvene paprike
- 1 češanj češnjaka, samljeven
- ¼ šalice kuhane kvinoje
- 1/8 žličice soli
- ¼ žličice sušenog origana
- 24 šampinjona s peteljkom
- 2 unce izmrvljene fete
- 3 žlice krušnih mrvica od punog zrna pšenice
- Sprej za kuhanje maslinovog ulja

Upute:

Zagrijte fritezu na 360°F. U maloj posudi pomiješajte papriku, češnjak, kvinoju, sol i origano. Žlicom stavljajte nadjev od kvinoje u klobuke gljiva dok se ne napune. Na vrh svake gljive dodajte mali komadić fete. Na svaku gljivu fetu pospite prstohvatom krušnih mrvica.

Stavite košaru friteze sa sprejom za kuhanje od maslinovog ulja, zatim nježno stavite gljive u košaru, pazeći da se ne dodiruju.

Stavite košaricu u fritezu i pecite 8 minuta. Izvadite iz friteze i poslužite.

Nutritivna vrijednost (za 100g): 97 kalorija 4 g masti 11 g ugljikohidrata 7 g proteina 677 mg natrija

Falafel od pet sastojaka s umakom od češnjaka i jogurta

Vrijeme pripreme: 5 minuta
Vrijeme za kuhanje: 15 minuta
Porcije: 4
Razina težine: Teško

Sastojci:

- <u>Za falafel</u>
- 1 (15 unci) konzerva slanutka, ocijeđena i isprana
- ½ šalice svježeg peršina
- 2 režnja češnjaka, mljevena
- ½ žlice mljevenog kima
- 1 žlica integralnog pšeničnog brašna
- Sol
- <u>Za umak od češnjaka i jogurta</u>
- 1 šalica nemasnog običnog grčkog jogurta
- 1 češanj češnjaka, samljeven
- 1 žlica nasjeckanog svježeg kopra
- 2 žlice soka od limuna

Upute:

Da napravim falafel

Zagrijte fritezu na 360°F. Stavite slanutak u multipraktik. Mesite dok se uglavnom ne nasjecka, zatim dodajte peršin, češnjak i kumin i miješajte još nekoliko minuta dok se sastojci ne pretvore u tijesto.

Dodajte brašno. Pulsirajte još nekoliko puta dok se ne sjedine. Tijesto će imati teksturu, ali slanutak treba pulsirati u male komadiće. Čistim rukama razvaljajte tijesto u 8 loptica jednake veličine, a zatim malo potapkajte loptice tako da budu diskovi debljine otprilike ½.

Stavite košaru friteze u sprej za kuhanje od maslinovog ulja, zatim stavite falafel pljeskavice u košaru u jednom sloju, pazeći da se ne dodiruju. Pržite u fritezi 15 minuta.

Za pripremu umaka od češnjaka i jogurta

Pomiješajte jogurt, češnjak, kopar i limunov sok. Nakon što su falafeli gotovi i lijepo porumeni sa svih strana, izvadite ih iz friteze i posolite. Poslužite vruću stranu s umakom za umakanje.

Nutritivna vrijednost (za 100g): 151 kalorija 2 g masti 10 g ugljikohidrata 12 g proteina 698 mg natrija

Limunski škampi s češnjakom i maslinovim uljem

Vrijeme pripreme: 5 minuta
Vrijeme za kuhanje: 6 minuta
Porcije: 4
Razina težine: prosječna

Sastojci:

- Srednji škampi od 1 funte, očišćeni i očišćeni
- ¼ šalice plus 2 žlice maslinovog ulja, podijeljeno
- Sok od ½ limuna
- 3 režnja češnjaka, nasjeckana i podijeljena
- ½ žličice soli
- ¼ žličice pahuljica crvene paprike
- Kriške limuna, za posluživanje (po želji)
- Marinara umak, za umakanje (po želji)

Upute:

Zagrijte fritezu na 380°F. U škampi umiješajte 2 žlice maslinova ulja, limunov sok, 1/3 nasjeckanog češnjaka, sol i ljuskice crvene paprike i dobro premažite.

U maloj posudi za pečenje pomiješajte preostalu ¼ šalice maslinovog ulja i ostatak nasjeckanog češnjaka. Otkinite list aluminijske folije veličine 12 x 12 inča. Stavite škampe u sredinu folije, zatim savijte stranice prema gore i skupite rubove tako da oblikuju zdjelu od aluminijske folije koja je otvorena na vrhu. Stavite ovaj paket u košaru friteze.

Pecite škampe 4 minute, zatim otvorite fritezu i stavite ramekin s uljem i češnjakom u košaricu pored paketa sa škampima. Kuhajte još 2 minute. Prebacite škampe na tanjur za posluživanje ili pladanj s ramekinom maslinovog ulja od češnjaka sa strane za umakanje. Po želji možete poslužiti i s kriškama limuna i marinara umakom.

Nutritivna vrijednost (za 100g): 264 kalorije 21 g masti 10 g ugljikohidrata 16 g proteina 473 mg natrija

Hrskavi pomfrit od zelenog graha s umakom od limuna i jogurta

Vrijeme pripreme: 5 minuta
Vrijeme za kuhanje: 5 minuta
Porcije: 4
Razina težine: prosječna

Sastojci:

- <u>Za mahune</u>
- 1 jaje
- 2 žlice vode
- 1 žlica integralnog pšeničnog brašna
- ¼ žličice paprike
- ½ žličice češnjaka u prahu
- ½ žličice soli
- ¼ šalice krušnih mrvica od cjelovitog zrna pšenice
- ½ funte cijelih zelenih mahuna
- <u>Za umak od limuna i jogurta</u>
- ½ šalice nemasnog običnog grčkog jogurta
- 1 žlica soka od limuna
- ¼ žličice soli
- 1/8 žličice kajenskog papra

Smjer:

Za izradu zelenih mahuna

Zagrijte fritezu na 380°F.

U srednje plitkoj zdjeli pomiješajte jaje i vodu dok ne postanu pjenasti. U posebnoj srednje plitkoj zdjeli pomiješajte brašno, papriku, češnjak u prahu i sol, a zatim umiješajte krušne mrvice.

Namažite dno friteze sprejom za kuhanje. Svaku mahunu umočite u smjesu od jaja, zatim u smjesu od krušnih mrvica, premažući ih izvana mrvicama. Postavite zelene mahune u jednom sloju na dno košarice friteze.

Pržite u fritezi 5 minuta ili dok pohanje ne porumeni.

Za pripremu umaka od limuna i jogurta

Umiješajte jogurt, limunov sok, sol i cayenne. Pomfrit od mahuna poslužite uz umak od limuna i jogurta kao međuobrok ili predjelo.

Nutritivna vrijednost (za 100g): 88 kalorija 2 g masti 10 g ugljikohidrata 7 g bjelančevina 697 mg natrija

Domaći čips od pita od morske soli

Vrijeme pripreme: 2 minute

Vrijeme za kuhanje: 8 minuta

Porcije: 2

Razina težine: lako

Sastojci:

- 2 pita od cjelovitog zrna pšenice
- 1 žlica maslinovog ulja
- ½ žličice košer soli

Upute

Zagrijte fritezu na 360°F. Svaku pitu izrežite na 8 kriški. U srednjoj zdjeli pomiješajte kriške pita, maslinovo ulje i sol dok se kriške ne prekriju, a maslinovo ulje i sol ravnomjerno rasporede.

Stavite pita kriške u košaricu friteze u ravnomjernom sloju i pržite 6 do 8 minuta.

Po želji dodatno posolite. Poslužite samo ili uz omiljeni umak.

Nutritivna vrijednost (za 100g): 230 kalorija 8 g masti 11 g ugljikohidrata 6 g proteina 810 mg natrija

Pečena Spanakopita Dip

Vrijeme pripreme: 10 minuta
Vrijeme za kuhanje: 15 minuta
Porcije: 2
Razina težine: prosječna

Sastojci:

- Sprej za kuhanje maslinovog ulja
- 3 žlice maslinovog ulja, podijeljene
- 2 žlice mljevenog bijelog luka
- 2 režnja češnjaka, mljevena
- 4 šalice svježeg špinata
- 4 unce krem sira, omekšalog
- 4 unce feta sira, podijeljeno
- Korica od 1 limuna
- ¼ žličice mljevenog muškatnog oraščića
- 1 žličica sušenog kopra
- ½ žličice soli
- Pita čips, štapići mrkve ili narezani kruh za posluživanje (po želji)

Upute:

Zagrijte fritezu na 360°F. Premažite unutrašnjost ramekina od 6 inča ili posude za pečenje sprejom za kuhanje od maslinovog ulja.

U velikoj tavi na srednje jakoj vatri zagrijte 1 žlicu maslinovog ulja. Dodajte luk, pa kuhajte 1 minutu. Dodajte češnjak i kuhajte, miješajući još 1 minutu.

Smanjite vatru i pomiješajte špinat i vodu. Kuhajte dok špinat ne uvene. Maknite tavu s vatre. U srednjoj zdjeli izlupajte krem sir, 2 unce fete i ostatak maslinovog ulja, koricu limuna, muškatni oraščić, kopar i sol. Miješajte dok se ne sjedini.

Dodajte povrće u bazu od sira i miješajte dok se ne sjedini. Ulijte smjesu za umakanje u pripremljenu ramekinu i pospite preostalih 2 unce feta sira.

Stavite umak u košaricu friteze i kuhajte 10 minuta ili dok se ne zagrije i ne počne mjehurići. Poslužite s pita čipsom, štapićima mrkve ili narezanim kruhom.

Nutritivna vrijednost (za 100g): 550 kalorija 52 g masti 21 g ugljikohidrata 14 g proteina 723 mg natrija

Pečeni umak od bisernog luka

Vrijeme pripreme: 5 minuta

Vrijeme za kuhanje: 12 minuta plus 1 sat za hlađenje

Porcije: 4

Razina težine: prosječna

Sastojci:

- 2 šalice oguljenog bisernog luka
- 3 češnja češnjaka
- 3 žlice maslinovog ulja, podijeljene
- ½ žličice soli
- 1 šalica nemasnog običnog grčkog jogurta
- 1 žlica soka od limuna
- ¼ žličice crnog papra
- 1/8 žličice pahuljica crvene paprike
- Pita čips, povrće ili tostirani kruh za posluživanje (po želji)

Upute:

Zagrijte fritezu na 360°F. U velikoj zdjeli pomiješajte biserni luk i češnjak s 2 žlice maslinovog ulja dok se luk dobro ne prekrije.

Ulijte mješavinu češnjaka i luka u košaricu friteze i pecite 12 minuta. Stavite češnjak i luk u procesor hrane. Mješajte povrće nekoliko puta, sve dok luk nije samljeven, ali još uvijek ima komadiće.

Ubacite češnjak i luk te preostalu 1 žlicu maslinovog ulja, zajedno sa soli, jogurtom, limunovim sokom, crnim paprom i listićima crvene paprike. Ohladite 1 sat prije posluživanja s pita čipsom, povrćem ili tostiranim kruhom.

Nutritivna vrijednost (za 100g): 150 kalorija 10 g masti 6 g ugljikohidrata 7 g bjelančevina 693 mg natrija

Tapenada od crvene paprike

Vrijeme pripreme: 5 minuta

Vrijeme za kuhanje: 5 minuta

Porcije: 4

Razina težine: prosječna

Sastojci:

- 1 velika crvena paprika
- 2 žlice plus 1 žličica maslinovog ulja
- ½ šalice Kalamata maslina, bez koštica i grubo nasjeckanih
- 1 češanj češnjaka, samljeven
- ½ žličice sušenog origana
- 1 žlica soka od limuna

Upute:

Zagrijte fritezu na 380°F. Premažite vanjsku stranu cijele crvene paprike 1 žličicom maslinovog ulja i stavite je u košaricu friteze. Pecite 5 minuta. Za to vrijeme, u srednjoj zdjeli umiješajte preostale 2 žlice maslinovog ulja s maslinama, češnjakom, origanom i limunovim sokom.

Izvadite crvenu papriku iz friteze, zatim nježno odrežite peteljku i uklonite sjemenke. Pečenu papriku grubo nasjeckajte na sitne komadiće.

Dodajte crvenu papriku u smjesu s maslinama i sve zajedno miješajte dok se ne sjedini. Poslužite s pita čipsom, krekerima ili hrskavim kruhom.

Nutritivna vrijednost (za 100g): 104 kalorije 10 g masti 9 g ugljikohidrata 1 g proteina 644 mg natrija

Kore grčkog krumpira s maslinama i fetom

Vrijeme pripreme: 5 minuta
Vrijeme za kuhanje: 45 minuta
Porcije: 4
Razina težine: Teško

Sastojci:

- 2 crvenkasta krumpira
- 3 žlice maslinovog ulja
- 1 čajna žličica košer soli, podijeljena
- ¼ žličice crnog papra
- 2 žlice svježeg cilantra
- ¼ šalice Kalamata maslina, narezanih na kockice
- ¼ šalice izmrvljene fete
- Sjeckani svježi peršin, za ukras (po želji)

Upute:

Zagrijte fritezu na 380°F. Vilicom izbušite 2 do 3 rupe u krumpiru, a zatim svaki premažite s otprilike ½ žlice maslinovog ulja i ½ žličice soli.

Stavite krumpir u košaricu friteze i pecite 30 minuta. Izvadite krumpir iz friteze i prerežite ga na pola. Ostružite meso krumpira pomoću žlice, ostavljajući sloj krumpira od ½ inča unutar kore, a kore ostavite sa strane.

U srednjoj zdjeli pomiješajte izdubljene sredine krumpira s preostale 2 žlice maslinovog ulja, ½ žličice soli, crnim paprom i cilantrom. Miješajte dok se dobro ne sjedini. Podijelite nadjev od krumpira u sada već prazne ljuske krumpira, ravnomjerno ga rasporedite po njima. Na svaki krumpir stavite po jednu žlicu maslina i fete.

Stavite napunjene ljuske krumpira natrag u fritezu i pecite 15 minuta. Poslužite s dodatno nasjeckanim cilantrom ili peršinom i malo maslinovog ulja, po želji.

Nutritivna vrijednost (za 100g): 270 kalorija 13 g masti 34 g ugljikohidrata 5 g proteina 672 mg natrija

Pita somun od artičoke i maslina

Vrijeme pripreme: 5 minuta
Vrijeme za kuhanje: 10 minuta
Porcije: 4
Razina težine: lako

Sastojci:

- 2 pita od cjelovitog zrna pšenice
- 2 žlice maslinovog ulja, podijeljene
- 2 režnja češnjaka, mljevena
- ¼ žličice soli
- ½ šalice konzerviranih srca artičoka, narezanih na kriške
- ¼ šalice Kalamata maslina
- ¼ šalice nasjeckanog parmezana
- ¼ šalice izmrvljene fete
- Sjeckani svježi peršin, za ukras (po želji)

Upute:

Zagrijte fritezu na 380°F. Premažite svaku pitu 1 žlicom maslinovog ulja, zatim po vrhu pospite nasjeckani češnjak i sol.

Srca artičoke, masline i sireve ravnomjerno rasporedite između dvije pite i obje stavite u fritezu da se peku 10 minuta. Izvadite pitas i narežite ih na 4 dijela prije posluživanja. Po želji pospite peršinom po vrhu.

Nutritivna vrijednost (za 100g): 243 kalorije 15 g masti 10 g ugljikohidrata 7 g proteina 644 mg natrija

Mini kolači od rakova

Vrijeme pripreme: 10 minuta

Vrijeme za kuhanje: 10 minuta

Porcije: 6

Razina težine: prosječna

Sastojci:

- 8 unci grudastog mesa rakova
- 2 žlice crvene paprike narezane na kockice
- 1 mladi luk, bijeli i zeleni dio, narezan na kockice
- 1 češanj češnjaka, samljeven
- 1 žlica kapara, mljevenih
- 1 žlica nemasnog običnog grčkog jogurta
- 1 jaje, tučeno
- ¼ šalice krušnih mrvica od cjelovitog zrna pšenice
- ¼ žličice soli
- 1 žlica maslinovog ulja
- 1 limun, izrezan na kriške

Upute:

Zagrijte fritezu na 360°F. U srednjoj zdjeli pomiješajte rakove, papriku, mladi luk, češnjak i kapare dok se ne sjedine. Dodajte jogurt i jaje. Miješajte dok se ne sjedini. Umiješajte krušne mrvice i sol.

Podijelite ovu smjesu na 6 jednakih dijelova i razvucite u pljeskavice. Stavite kolačiće od rakova u košaru friteze u jednom sloju, zasebno. Gornji dio svake pljeskavice namazati s malo maslinovog ulja. Pecite 10 minuta.

Izvadite kolačiće od rakova iz friteze i poslužite s kriškama limuna sa strane.

Nutritivna vrijednost (za 100g): 87 kalorija 4 g masti 6 g ugljikohidrata 9 g proteina 574 mg natrija

Feta rolade od tikvica

Vrijeme pripreme: 10 minuta
Vrijeme za kuhanje: 10 minuta
Porcije: 6
Razina težine: prosječna

Sastojci:

- ½ šalice fete
- 1 češanj češnjaka, samljeven
- 2 žlice svježeg bosiljka, mljevenog
- 1 žlica kapara, mljevenih
- 1/8 žličice soli
- 1/8 žličice pahuljica crvene paprike
- 1 žlica soka od limuna
- 2 srednje tikvice
- 12 čačkalica

Upute:

Zagrijte fritezu na 360°F. (Ako koristite nastavak za roštilj, provjerite je li unutar friteze tijekom predgrijavanja.) U maloj zdjeli pomiješajte fetu, češnjak, bosiljak, kapare, sol, ljuskice crvene paprike i limunov sok.

Narežite tikvicu na trakice od 1/8 inča po dužini. (Svaka bi tikvica trebala dati oko 6 trakica.) Raširite 1 žlicu nadjeva od sira na svaku krišku tikvice, zatim je zarolajte i učvrstite čačkalicom kroz sredinu.

Stavite rolade od tikvica u košaricu friteze u jednom sloju, pojedinačno. Pecite ili grilajte u fritezi 10 minuta. Izvadite rolade od tikvica iz friteze i nježno im izvadite čačkalice prije posluživanja.

Nutritivna vrijednost (za 100g): 46 kalorija 3 g masti 6 g ugljikohidrata 3 g proteina 710 mg natrija

www.ingramcontent.com/pod-product-compliance
Lightning Source LLC
Chambersburg PA
CBHW070411120526
44590CB00014B/1350